FAVOR
EL CAMINO
HACIA
EL ÉXITO

Cómo recibir favor especial con Dios y con la gente

BOB BUESS

Todas las citas de la escritura son tomadas de la versión *Santa Biblia, Reina-Valera 1960* (RVR) © 1960 Sociedades Bíblicas en América Latina; © renovado 1988 Sociedades Bíblicas Unidas. Usado con permiso.

Traducción al español realizada por:
Belmonte Traductores
Manuel de Falla, 2
28300 Aranjuez
Madrid, ESPAÑA
www.BelmonteTraductores.com

Favor: El Camino hacia el Éxito

Publicado originalmente en inglés bajo el título:
Favor: The Road to Success

Sweeter Than Honey Ministries
13124 County Road 1125
Tyler, TX 75709
www.sweeterthanhoneychurch.com

ISBN: 978-1-60374-245-0
Impreso en los Estados Unidos de América
© 2010 por Lillian Buess

Whitaker House
1030 Hunt Valley Circle
New Kensington, PA 15068
www.whitakerhouse.com

1 2 3 4 5 6 7 8 9 10   ᗯ   16 15 14 13 12 11 10

Índice

Introducción

Este mensaje ha estado en mi espíritu por unos ocho años. Lo he estado ministrando a otros con cambios radicales produciéndose en sus vidas como resultado.

Este mensaje tendrá una potente influencia en su vida si usted le permite que ministre a su espíritu.

Muchas personas, debido a experiencias en la niñez, malas situaciones en el matrimonio, u otras razones, se encierran en un cascarón de temor, frustración o negativismo.

Esta verdad ayudará a tales personas a desatar al Señor Jesús, quien está en el interior de ellos, para tener una vida plena, emocionante y exuberante. Esas personas comenzarán a vivir con emoción, esperando conocer a personas felices.

El favor comenzará a fluir.

Usted cosechará lo que siembre. Espere que sucedan cosas buenas, y esas cosas serán las que comiencen a sucederle.

Los pensamientos son el comienzo de la realidad.

El Espíritu Santo planta pensamientos buenos en su mente. A medida que usted medita en esos pensamientos positivos, son transferidos a su espíritu.

Una vez que esos pensamientos son plantados en el espíritu, comienza a crecer vida. Su vida es controlada por las cosas que usted pone en su espíritu por medio de sus patrones de pensamiento.

Siembre cosas negativas en su espíritu, y constantemente se encontrará con personas agrias. Este espíritu saca la mezquindad en otros.

Jesús aumentaba en favor con Dios y con los hombres.

Él tenía tanto favor que constantemente tenía que decirles a las personas que "se mantuvieran en silencio" con respecto a sus sanidades. (Véase, por ejemplo, Mateo 9:30).

Él tenía tanto favor que cinco mil hombres, más mujeres y niños, le siguieron hasta un lugar donde Él había planeado un descanso para Él mismo y Sus discípulos.

Él tenía tanto favor que casi tuvo que insultar a Pilato para hacer que le crucificaran.

La enseñanza sobre el favor no garantiza libertad de todos los problemas ni de la persecución.

Los líderes religiosos siguieron demandando que Jesús fuese crucificado.

Disfrute de estas fuertes enseñanzas positivas sobre el favor, pero mantenga un equilibrio. En todas las cosas hay otra cara.

Siempre encontrará a alguien a quien usted no caerá bien, pero nunca debe permitir que ese espíritu opere dentro de usted. Debe continuar siendo perdonador y amable.

Ha habido muchas ocasiones de reconciliación entre esposos y esposas después de que aplicaran la verdad de este mensaje.

Otros han encontrado oportunidades de trabajo que habrían quedado perdidas para ellos.

Pase este libro a otras personas.

uno

El favor transforma la inseguridad en confianza en uno mismo

A nadie le gustaba ella. Ni siquiera ella se gustaba a sí misma. Era guapa, pero ni siquiera podía conseguir una cita con un muchacho. Muchas otras cosas negativas llenaban la carta que me escribió.

"No los culpo a ellos de que no les guste usted. Me temo que podría usted no gustarme a mí". Esa fue mi respuesta a aquella apreciada y preciosa joven.

Aquello fue en cierto modo un tratamiento de shock, pero las palabras que siguieron llevaron sanidad a su afligido espíritu. Dije: "Si no tiene confianza en usted misma, es seguro que otros tenderán a tener miedo a acercarse a usted".

Le envié pasajes de la Escritura —los cuales estoy a punto de compartir con usted— y le mostré cómo confesar favor y honra para ella misma delante de Dios y de los demás.

Hubo un cambio radical. En un periodo muy breve de tiempo, ella escribió de nuevo con palabras de victoria: "Hermano Buess, está funcionando. Ahora estoy comprometida".

Más adelante, cuando estaba visitando su ciudad, ella se acercó a mí y me presentó a su prometido: otro hombre. No mucho tiempo después de aquello se casó con el segundo hombre.

Ya sea una muchacha adolescente que se siente frustrada, un joven que va a una entrevista de trabajo, o una esposa que busca favor con su esposo, estos pasajes de la Biblia, adecuadamente aplicados, cambiarán su situación. En muchos casos se producirá un cambio muy radical en muy pocos días.

Muchos tienen una actitud de inseguridad en su interior. Esto afecta a su actitud hacia sí mismos y también hacia otros.

La inseguridad, el temor, y las frustraciones de la niñez pueden causar que el individuo tenga la actitud incorrecta hacia la vida y hacia el lugar que él o ella ocupan en ella.

Le has hecho poco menor que los ángeles, y
lo coronaste de gloria y de honra.

(Salmo 8:5)

¡Llénese de emoción! ¡Dios le ha coronado de gloria y de honra!

Viva esperando que el "sistema de honra" de Dios transforme su inseguridad y frustración en éxito. Dios le ha coronado de gloria y de honra.

Jesús oró: *"La gloria que me diste, yo les he dado"* (Juan 17:22). Usted tiene la misma gloria que Jesús tuvo. Usted ha sido verdaderamente coronado.

Imagine al Señor llegando a usted hoy y poniendo una corona de gloria y de honra sobre su cabeza.

Usted viviría esperando que sucedieran cosas. La duda y la inseguridad se desvanecerían.

Permanezca firme en la Palabra de Dios. Es verdad que le hace libre. La fe viene por el oír la Palabra. Viva esperando que el favor y la honra transformen sus desengaños en éxitos.

A medida que crea que Dios le ha coronado de gloria, de honra y de favor, verá cómo el éxito se despliega delante de sus propios ojos.

Si alguno me sirve, sígame; y donde yo estuviere, allí también estará mi servidor. Si alguno me sirviere, mi Padre le honrará.

(Juan 12:26)

La mayoría de ustedes están sirviendo verdaderamente al Señor. Solamente tienen que saber cómo aplicar las verdades de la Palabra al éxito diario.

Dios ha prometido honra para usted hoy. Las experiencias y los fracasos del pasado han condicionado su mente para aceptar desengaño y desaliento. Cambie su actitud, y deje que Dios sea verdadero y todo hombre mentiroso. Que toda experiencia sea una mentira. Lleve todo pensamiento cautivo a Jesús. Haga que sus pensamientos estén en armonía con esta Palabra. Él le está honrando hoy. Espere que se desplieguen milagros delante de usted hoy. El favor y la honra están transformando su inseguridad en éxito. ¡Viva con emoción!

dos

Abundancia de favor fluye de Dios a usted

Dios no tiene limitación alguna; usted no tiene limitación alguna excepto la ignorancia, la incredulidad, y la carne. Aprenda a renovar su mente con el espíritu de Dios y la verdad con respecto al favor con Dios y con los hombres.

Transforme su confesión negativa de duda y de incredulidad en una confesión fuerte y positiva. Dios le da favor; Él le ama. Hay un río de favor que fluye hacia usted.

Nade en este río de amor y de vida cada día. Puede usted observar tremendas transformaciones producirse en su vida diariamente, y también verá grandes transformaciones producirse en sus asociados. Comenzará a sacar el bien en otros en lugar del mal.

Dios...el cual da vida a los muertos, y llama las cosas que no son, como si fuesen.

(Romanos 4:17)

Las palabras son espíritu. Jesús dijo que Sus palabras eran espíritu y vida.

El espíritu es el que da vida; la carne para nada aprovecha; las palabras que yo os he hablado son espíritu y son vida. (Juan 6:63)

Esas palabras espíritu tienen autoridad sobre el mundo natural.

Pronuncie estas palabras sobre el favor una y otra vez durante el día hasta que su espíritu sea avivado. Muchas personas confiesan duda y fracaso una y otra vez durante su vida hasta que su espíritu está deprimido y quebrantado.

Una confesión fuerte y positiva de la Palabra de Dios con respecto al favor con Dios y el favor con el hombre pondrá vida en su espíritu.

Dios da abundancia de favor

Jehová haga resplandecer su rostro sobre ti, y tenga de ti misericordia. (Números 6:25)

El Señor está en la empresa de bendecirle a usted. Él hace resplandecer Su rostro sobre usted. Beba de esta verdad. Aspírela profundamente en su espíritu. Báñese en la belleza de este pensamiento. Dios le da favor hoy.

Diga una y otra vez ahora: "Dios me da favor hoy. Dios me da honra hoy. Soy un éxito hoy. Tengo el favor especial de Dios sobre mí hoy. Él hace resplandecer Su rostro sobre mí hoy. Él es misericordioso conmigo hoy. Soy alguien muy especial para el Señor".

Imagínese a usted mismo en una gran multitud de personas. De repente, el foco de luz recae sobre usted. Usted es escogido para honores especiales. Qué estupendamente se siente por haber sido escogido entre todas esas personas. Un espíritu de éxito y de logro entra en su espíritu.

Ahora imagínese a usted mismo delante del Señor. Él le llama por su nombre y dice: "Estoy haciendo resplandecer Mi rostro sobre ti hoy. Estoy siendo misericordioso contigo hoy. Te estoy honrando hoy".

¿Cómo se sentiría usted? Se sentiría emocionado; daría saltos de alegría. Levantaría su cabeza y se emocionaría por estar vivo en Jesucristo.

Sentiría el éxito fluyendo desde su interior. Usted estaría muy feliz. Probablemente no podría caminar durante días; estaría volando.

¡Buenas noticias! Dios ya le ha escogido, le ha llamado, y le ha dicho esas palabras. Ahora, levántese y dígase esas palabras a usted mismo hasta que su espíritu las agarre y se avive debido a esta gran verdad.

Llenos de toda la plenitud de Dios

Para que habite Cristo por la fe en vuestros corazones, a fin de que, arraigados y cimentados en amor, seáis plenamente capaces de comprender con todos los santos cuál sea la anchura, la longitud, la profundidad y la altura, y de conocer el amor de Cristo, que excede a todo conocimiento, para que seáis llenos de toda la plenitud de Dios. Y a aquel que es poderoso para hacer todas las cosas mucho más abundantemente de lo que pedimos o entendemos, según el poder que actúa en nosotros, a él sea gloria en la iglesia en Cristo Jesús por todas las edades, por los siglos de los siglos. Amén. (Efesios 3:17–21)

Haga una valiente confesión: "Estoy siendo lleno de la plenitud de Dios. Estoy arraigado y cimentado en amor. Dios está haciendo más abundantemente de lo que pido o entiendo. Su inmenso poder me está tomando".

Repita esto una y otra vez, varias veces por día. Su espíritu pronto comenzará a responder a esta medicación.

...ada hay imposible para Dios

...que nada hay imposible para Dios.
(Lucas 1:37)

No confiese sus cosas negativas. Confiese el logro de aquello que parece ser imposible.

Confiese que es usted un éxito. Confiese que le gusta la gente y que a la gente le gusta usted.

Confiese que usted está fluyendo en el amor de Dios, y que otras personas están siendo bendecidas por medio de su vida y de su ministerio.

Confiese que usted está desatando el poder milagroso de Dios, y que otros están recibiendo sanidad, tanto en su mente como en su cuerpo, por medio de sus palabras y de su ministerio.

Nada es imposible para Dios. Él está dentro de usted, esperando ser desatado mediante su fe positiva.

Jesús les dijo: Por vuestra poca fe; porque de cierto os digo, que si tuviereis fe como un grano de mostaza, diréis a este monte: Pásate de aquí allá, y se pasará; y nada os será imposible. (Mateo 17:20)

¡Llénese de emoción!

¡Dios está en usted!

¡La fe está en usted!

¡La vida de Él está en usted!

¡Usted puede hacer cosas que nunca soñó que fuesen posibles!

Comience a soñar grandes cosas. Haga planes más grandes. Medite en el éxito en el nombre de Jesús. Permita que Jesucristo fluya por medio de su Palabra de fe. Aliéntese a usted mismo hoy en el éxito.

Espere que lo imposible fluya por medio de su vida diariamente. Espere tener favor con las personas en toda situación. Antes de salir de su casa en la mañana, pronuncie palabras de fe para usted mismo y para su familia o amigos.

Espere situaciones agradables durante el día.

Convierta las malas situaciones en éxitos. No espere lo negativo. Tenga una actitud positiva hacia cada situación. Jesús pronto fluirá con libertad por medio de su vida.

Y derramaré sobre la casa de David, y sobre los moradores de Jerusalén, espíritu de gracia y de oración; y mirarán a mí, a quien traspasaron, y llorarán como se llora por hijo unigénito, afligiéndose por él como quien se aflige por el primogénito.

(Zacarías 12:10)

Ella estaba en la escuela cuando la maestra dijo: "Virginia, ¿pero qué te ha pasado? Resplandeces de amor y alegría".

La muchachita dijo: "Oh, el barril de la miel me cayó encima".

Dios derrama el espíritu de gracia sobre Su casa hoy. Gracia significa favor no merecido. Esa jovencita había sido llena del Espíritu Santo; había sido bautizada en el amor de Dios. La definición que ella dio era exactamente correcta. Dios había volcado Su cubo de miel de amor sobre ella.

"La verdad os hará libres", declaró el Señor en Juan 8:32. Pronuncie esta verdad una y otra vez. "Dios está derramando sobre mí hoy el espíritu de favor".

No acepte el fracaso ni la derrota. Levante su cabeza como si fuese un rey. Usted reina en esta vida como rey, por medio de Jesucristo.

> *Pues si por la transgresión de uno solo reinó la muerte, mucho más reinarán en vida por uno solo, Jesucristo, los que reciben la abundancia de la gracia y del don de la justicia.*
> (Romanos 5:17)

Repita esta confesión hasta que la duda huya. Usted ha sido bendecido con la gracia de Dios. Dios ha derramado sobre usted un río de favor con Dios y con quienes le rodean. Rechace las cosas con las que ha estado alimentando su mente. Acepte solamente lo que el Señor le ha dicho.

Él derrama sobre usted un río de favor.

Nade en él.

Disfrútelo.

Es todo para usted hoy. Enfréntese a la vida con la expectativa de que algo grande sucederá diariamente. Así será.

Dwight L. Moody recibió tal flujo divino de este río de gracia y amor que tuvo que clamar: "Dios, ciérralo, pues no puedo soportarlo más".

Está a disposición de cada uno de los hijos de Dios. Que usted sea uno de los muchos en este día que se apropie de este recurso divino.

Algunos hombres aprenden a caminar en el favor de Dios con más facilidad que otros. Permítame que le presente a un predicador que aprendió a caminar en la ley del favor y el éxito de Dios. Cuando él iba a iglesias para realizar una serie de reuniones, tenía tal favor y éxito que sus reuniones duraban dos o tres meses.

Siempre que él se iba de la iglesia, la asistencia siempre se había duplicado o triplicado. Las iglesias continuaban en este éxito. Ese hombre era capaz de transmitir su éxito a otros.

Más adelante, fue llamado a una iglesia muy pequeña en el campo, cuya asistencia era de menos de cien personas los domingos en la mañana.

Llamó a una iglesia que tenía una asistencia de quinientas personas los domingos en la mañana y desafió al pastor de esa iglesia, diciendo: "En un año los sobrepasaremos en asistencia".

El pastor de la iglesia más grande se rió; un año después, sin embargo, ya no se reía.

Yo estaba con el pastor de la iglesia más pequeña cuando él comprobó cuál era la asistencia de las dos iglesias. La asistencia de la iglesia más pequeña había sobrepasado en quince personas a la de la iglesia más grande.

Este hombre estaba familiarizado con el funcionamiento del favor y el éxito. Sabía cómo planear y pensar favor y éxito. Hablaba favor; vivía en favor. Él era un éxito. ¿Por qué? Para Dios, nada es imposible. Que esta verdad eche raíz en usted, y nunca volverá usted a dar coletazos.

Este mismo hombre fue llamado a presentarse ante su jefe mientras estaba empleado en una planta.

"He oído que estuvo usted utilizando el edificio vacío para predicar a los hombres", gritó el enojado presidente de la gran empresa.

La repuesta, llena de confianza y fortaleza, fue afirmativa. El presidente quedó tan impresionado que, antes de darse cuenta de lo que estaba haciendo, le dio permiso al hombre para utilizar el edificio y ordenó que la empresa comprase himnarios, sillas y un piano, a fin de que la obra pudiera continuar de manera más definida.

Espere que le den una patada, y habrá quienes estén deseosos de hacerlo. Espere éxito y favor con Dios y con los hombres, y obtendrá exactamente lo que espera.

> *Y el niño crecía y se fortalecía, y se llenaba de sabiduría; y la gracia de Dios era sobre él.* (Lucas 2:40)

Usted también puede reclamar este favor. Jesús era humano a la vez que divino. Él fue en todo semejante a Sus hermanos.

> *Por lo cual debía ser en todo semejante a sus hermanos, para venir a ser misericordioso y fiel sumo sacerdote en lo que a Dios se refiere, para expiar los pecados del pueblo.*
> (Hebreos 2:17)

Usted ha de seguir Sus pasos.

> *Pues para esto fuisteis llamados; porque también Cristo padeció por nosotros,*

dejándonos ejemplo, para que sigáis sus pisadas. (1 Pedro 2:21)

Usted ha de repetir Su ministerio.

De cierto, de cierto os digo: El que en mí cree, las obras que yo hago, él las hará también; y aun mayores hará, porque yo voy al Padre.

(Juan 14:12)

"La gracia [o favor] *de Dios estaba sobre él"*. El favor de Dios está sobre usted hoy. Viva en consonancia. Piense en consonancia.

Espere que le sucedan cosas buenas hoy. No salga de su casa sin haber hecho algún ejercicio espiritual y oración confesando esta verdad.

Después, confiéselo a su familia. Haga que lo confiesen juntos. Puede que tenga un amigo a quien quiera llamar para que se ponga de acuerdo con usted en esta confesión.

"Mis hijos tienen problemas en la escuela, ¿qué haré? Sus calificaciones son demasiado bajas. ¿Puede ayudarme?".

Esas fueron las palabras que una buena vecina me dijo.

Yo dije: "Sí. Confiese diariamente con los niños Lucas 2:40".

Y el niño crecía y se fortalecía, y se llenaba de sabiduría; y la gracia de Dios era sobre él. (Lucas 2:40)

Ella les hizo repetir este versículo diariamente. Después de repetir el versículo, entonces lo repetían de forma personal, diciendo: "Estamos creciendo en el Señor, estamos fortaleciéndonos en espíritu, y estamos aprendiendo hoy. Tenemos favor con Dios, con nuestra maestra en la escuela, y con nuestros compañeros".

Unas cuantas semanas después, sus dos hijos mejoraron en dos puntos sus calificaciones.

La inseguridad y la frustración se habían desarrollado en los espíritus de los niños, y eso afectaba a su actitud hacia la vida y hacia sus estudios.

Cuando metieron verdad en su espíritu, el éxito comenzó a fluir de nuevo desde ellos.

La verdad realmente nos hace libres.

tres

Dios le pone en favor con Dios y con el hombre

Y puso Dios a Daniel en gracia y en buena voluntad con el jefe de los eunucos.
—Daniel 1:9

Daniel era un cautivo; era un extranjero. Su pueblo era odiado en Babilonia. No había razón terrenal alguna para que él tuviera favor con los líderes en aquella corte gentil.

¿Por qué tenía él favor? Tenía favor que fluía de su espíritu. Él esperaba que sucedieran cosas buenas; tenía una actitud sana hacia otros, a pesar de lo que le rodease. Él no permitía que las circunstancias adversas le amargasen.

Él tenía un sentimiento de éxito fluyendo desde su interior; sabía en lo profundo de su ser que estaba unido al Señor. Él tenía autoridad; caminaba en fortaleza y en victoria. Puede que él no fuese plenamente consciente de esto. Fluía de él como un río; era algo automático.

Él creía en el Señor. Él y Dios hacían que cada situación se resolviera en el favor de Dios. Él vivía su vida con emoción; la derrota y la cautividad de su pueblo no causaron que se desalentase, sino que le desafiaron a demostrar lo que era Dios bajo circunstancias difíciles.

Las cosas en la esfera natural se veían desalentadoras, pero Daniel sabía que el espíritu controla la vida. En lugar de rendirse a lo que le rodeaba y convertirse en un fracaso, él se elevó a ese nivel de victoria al cual todo hijo de Dios debería elevarse. Él decidió ser un éxito viviendo en un espíritu de favor y éxito.

Como resultado, Daniel llegó a ser el primer ministro de Babilonia, que era la potencia mundial de su época.

Siguió en una posición de liderazgo aun durante la agitación política y el cambio la mayor parte de su vida.

"Tu vecino está enojado contigo por tu perro. Todos los perros del barrio están en su jardín todo el día y toda la noche. Está muy enojado contigo".

Ese fue el informe a larga distancia que yo recibí en una ocasión cuando estaba fuera predicando el evangelio de Jesucristo. Yo había dejado a mi perro al cuidado de otro vecino.

"El vecino que está cuidando a tu perro está muy molesto por ti y por tu perro", reiteraba el informe.

Aquello parecía muy malo para el ojo natural. A nadie le gusta tener problemas con los vecinos.

Hablé con mi esposa, y dije: "Cariño, quiero que te pongas de acuerdo conmigo. Tenemos favor con nuestros vecinos. Nos quieren, y nosotros a ellos. Dios está solucionando esto".

Esa confesión fue continuada de vez en cuando durante las siguientes semanas mientras estábamos fuera de la ciudad.

Al llegar a casa, lo primero que yo hice fue disculparme ante mi querido vecino por los problemas que mi perro le había causado.

"¿Problemas que tú me has causado?", exclamó mi vecino.

"Tú no me has causado ningún problema. No fuiste tú; fueron todos los otros perros los que me enojaron. Tú tenías a tu perro atado; fueron los demás vecinos que dejaban sueltos a sus perros los que me enojaron".

Ese vecino siguió siendo un buen amigo. Cuando yo salía de la ciudad para hacer recorridos de predicación, él y su esposa cortaban nuestro césped, recortaban nuestros arbustos, y hacían otras tareas de mantenimiento cuando no les gustaba la manera en que nuestro jardinero lo hacía. Eso era especialmente cierto cuando sabían que regresábamos a casa.

Nuestro otro vecino, el que había estado a cargo de nuestro perro, entró en nuestra casa y dijo: "Hermano Buess, me gustaría decirle que si alguna vez vuelve a salir de la ciudad, quiero que me dé el honor de cuidar de su perro. Me encanta".

¡Aleluya! Usted obtiene favor si espera y muestra favor.

"Ahora no les gustamos a nadie. Hemos sido llenos del Espíritu Santo. Nuestra iglesia ha despedido a mi esposo como superintendente de departamento. A mí me han despedido de mi puesto de maestra en nuestra iglesia. No le gustamos a nadie. Es tan malo que cuando vamos caminando por la calle y nos encontramos con miembros de nuestra iglesia, sabemos que están hablando de nosotros. ¿Qué podemos hacer?".

Mi respuesta fue: "Ustedes han desarrollado un complejo de persecución".

En lugar de esperar que sucedieran cosas buenas, ellos esperaban que sucedieran cosas malas. Por tanto, sucedieron cosas malas.

Le envié a esa pareja los pasajes de la Escritura que estoy compartiendo con usted en este libro. Setenta días después, ellos respondieron mi carta.

"Hemos confesado favor diariamente. Esperamos favor. Creemos en el éxito. Nos ponemos de acuerdo juntos en que tenemos favor antes de cada reunión del comité. Es casi embarazoso. Parece que somos imanes. La gente parece atraída hacia nosotros; somos como el eje de un volante. Las cosas parecen fluir alrededor de nosotros".

¡Aleluya! Ellos transformaron la derrota en éxito confesando y viviendo la Palabra de Dios.

Más adelante, el esposo me habló sobre una oportunidad de trabajo que había disponible. Me dijo que las mismas personas que le habían despedido de su puesto de maestro en la iglesia iban a ser las personas que decidirían si le daban el empleo a él o a otra persona.

Yo le alenté a aplicar el mismo principio de confesar favor y éxito. Han pasado varios años, y este hombre ha mantenido ese puesto de tanta importancia en la comunidad todos estos años. Fue situado en ese puesto unas semanas después de nuestra conversación.

Su testimonio en aquel momento fue: "Precisamente los mismos que anteriormente estaban contra mí se acercaron uno a uno y dijeron: 'Vamos a votar por usted'".

Dios nos pone en favor con Dios y con los hombres.

"Pero yo no he mantenido un empleo por diez años. Escribo muy mal a máquina. Nadie querrá a una mujer más mayor antes que a una más joven".

Esas fueron las palabras que recientemente me dijo una mujer de mediana edad.

Yo le alenté a confesar favor y éxito con respecto a la entrevista de trabajo que tenía programada para unos días después. Ella lo hizo fielmente. Habló éxito a su espíritu; comenzó a vivir con emoción; su espíritu se encendió con favor y éxito. Jesús y Su Palabra estaban obrando en esta hija Suya.

"Al igual que el Señor puso a Daniel en favor y éxito, Él también me está poniendo a mí, Jane, en éxito", era su confesión.

"¿Qué les hizo usted a esos hombres?", le dijo la voz al teléfono la tarde de la entrevista para ese trabajo. "Lo único que hacen es hablar sobre usted. Entrevistaron a muchas solicitantes durante todo el día; pero cuando terminaban, comenzaban a hablar de usted en lugar de hablar de la solicitante a quien acababan de entrevistar. Tiene usted el trabajo, Jane".

Aquellas fueron las palabras de una amiga que trabajaba en esa oficina. En efecto, Jane recibió el empleo. Más adelante, Jane me dijo: "Hermano Bob, este trabajo es muy competitivo; está lleno de confusión. Estamos sobrecargados de trabajo. No creo que pueda mantener el ritmo de las demandas que hay sobre mí".

Yo le dije: "Jane, vamos a confesar favor y éxito para usted en esta situación". Pronto sucedió. Ella estaba emocionada. Toda la oficina fue reorganizada. Pusieron nuevos escritorios en la oficina. Ella de algún modo se inquietó cuando vio que todos los demás empleados tenían bonitos escritorios pero ella no tenía.

El gerente de la oficina se acercó a ella y le dijo: "Jane, tenemos algo muy especial para usted". La llevaron a otra habitación, que tenía un escritorio grande y bonito donde podría trabajar a solas, separada de toda la confusión de la oficina de fuera.

"Queremos que usted esté aquí donde hay tranquilidad, y donde no tendrá que trabajar tan duro", le explicó su gerente.

Ella se encontró con tan poco trabajo que hacer que con frecuencia ayudaba a alguna de las demás empleadas haciendo parte de su trabajo. No había razón terrenal alguna para que ella recibiera tal favor.

Debe usted recordar que todas las cosas son posibles para Dios. Debe usted vivir en fe.

Sin fe no puede usted agradar a Dios.

Pero sin fe es imposible agradar a Dios; porque es necesario que el que se acerca a Dios crea que le hay, y que es galardonador de los que le buscan. (Hebreos 11:6)

Viva con emoción, esperando que fluyan milagros. Dios obrando en usted le hace ser un éxito. ¡Gloria al Señor!

Así halló José gracia en sus ojos, y le servía; y él le hizo mayordomo de su casa y entregó en su poder todo lo que tenía. Y aconteció que desde cuando le dio el encargo de su casa y de todo lo que tenía, Jehová bendijo la casa del egipcio a causa de José, y la bendición de Jehová estaba sobre todo lo que tenía, así en casa como en el campo. Y dejó todo lo que tenía en mano de José, y con él no se preocupaba de cosa alguna sino del pan que comía. Y era José de hermoso semblante y bella presencia. (Génesis 39:4–6)

Pero Jehová estaba con José y le extendió su misericordia, y le dio gracia en los ojos del jefe de la cárcel. Y el jefe de la cárcel entregó en mano de José el cuidado de todos los presos que había en aquella prisión; todo lo que se hacía allí, él lo hacía. No necesitaba atender el jefe de la cárcel cosa alguna de las que estaban al cuidado de José, porque Jehová estaba con José, y lo que él hacía, Jehová lo prosperaba. (Génesis 39:21–23)

Estar ahí para ser subastado como esclavo sin duda no era algo que inspirase o alentase al joven José.

Escuchar a sus hermanos mientras planeaban asesinarlo le habría provocado al joven promedio un espíritu muy rebelde hacia la sociedad y la familia, pero esa no fue la respuesta de José. Él realizaba sus tareas cotidianas con un espíritu de éxito; no llevaba su cabeza agachada en derrota o autocompasión. No había pensamientos de pesimismo o de desaliento.

La vida era un desafío para él. Su victoria estaba en el Señor, y no en su entorno, y sabía que por medio del Espíritu de Dios podía cambiar cualquier situación.

Cuando usted permite que Jesucristo y Sus verdades controlen su mente y su espíritu, puede cambiar su destino.

Cuando el hombre interior es alimentado con "la comida de Jesús", todo es posible.

Cuando el hombre interior es derrotado y destrozado, sólo puede retroceder y ser llevado de aquí para allá por los problemas que el enemigo arroja a su camino.

Tome la decisión de ser cabeza y no cola.

Te pondrá Jehová por cabeza, y no por cola; y estarás encima solamente, y no estarás debajo, si obedecieres los mandamientos de Jehová tu Dios, que yo te ordeno hoy, para que los guardes y cumplas.

(Deuteronomio 28:13)

Usted tiene el control de cada situación.

Usted y el Señor inclinan la balanza a su favor, así que nunca mire las apariencias externas.

Mire siempre a Jesús, el autor y consumador de su fe.

Puestos los ojos en Jesús, el autor y consumador de la fe, el cual por el gozo puesto delante de él sufrió la cruz, menospreciando el

oprobio, y se sentó a la diestra del trono de
Dios.   (Hebreos 12:2)

Espere siempre que sucedan cosas buenas en lugar de malas. Las cosas malas se cruzarán en su camino de manera ocasional, pero pronto podrá convertirlas en buenas.

Si tiene la sensación de ir marcha atrás, relájese, mantenga una actitud de éxito constante y el favor de Dios fluirá hacia usted. Espere que esto ocurra incluso cuando parezca que no está ocurriendo. Ofrezca favor y ame a otros, pues debe dar favor para obtener favor.

Muestre misericordia para obtener misericordia.

Muestre amor para que el amor fluya hacia usted y a través de usted.

Dé de sus finanzas para liberar el fluir de las finanzas hacia usted.

Siembre, y cosechará lo que siembre.

Siembre una actitud saludable y positiva acerca de su situación.

Verá que su situación pronto cambia, y su espíritu se levantará y tomará el control de la situación. Recuerde: Dios da vida a los muertos y llama a las cosas que no son como si fueran, y éstas aparecen.

Usted es hijo de Dios, ha sido unido a Jesucristo, así que también puede hablar para que las cosas existan. Hable palabras de éxito. Dios honrará una buena confesión, porque Él siempre respaldará Su Palabra.

Así será mi palabra que sale de mi boca; no volverá a mí vacía, sino que hará lo que yo quiero, y será prosperada en aquello para que la envié. (Isaías 55:11)

Mirar a Jesús significa estar firme en los principios de la Escritura y confesarlos, en lugar de confesar lo que ve a su alrededor.

Un misionero amigo mío recogió a un autoestopista que era un presidiario que había escapado, el cual inmediatamente le sacó una pistola y amenazó con matarle. Eso asustó al misionero al principio, pero rápidamente obtuvo el control de sus pensamientos.

Le dijo al hombre una y otra vez que su pistola no le serviría para nada en esa situación.

El misionero dijo: "Yo soy un hombre de Dios. Tengo a Jesús en mí. Mayor es el que está en mí que el que está en el mundo, así que no tienes poder sobre mí. Soy yo el que tiene poder y autoridad sobre ti".

El presidiario continuó gritándole: "¡Cállate!", insistiendo: "¡Te voy a matar!".

El misionero siguió firme en la Palabra de Dios, declarando su confesión de fe. "Jesucristo está en mí. Tú no tienes autoridad sobre mí. Mayor es el que está en mí que el que está en el mundo".

Para no alargar la historia, la pistola finalmente quedó relajada en su mano y cayó en el asiento. Pronto el misionero oró por el hombre, abrió la puerta, hizo salir al hombre del auto, y siguió su camino para reunirse con su esposa y sus hijos en México.

Este es un gran ejemplo de mirar a Jesús y Su Palabra en lugar de las circunstancias de uno.

El favor fluye cuando usted está firme en la Palabra de Dios viva.

El favor fluye cuando usted está firme en la Palabra de fe. La Palabra de Dios crea fe.

Las circunstancias no siempre cambian.

Pablo gritó para salir de la cárcel una noche. Más adelante, gritó durante años y nunca salió de la cárcel; sin embargo, algunas de sus mayores obras fueron hechas en la prisión.

Un misionero protestó y debatió con Dios porque estaba en prisión. El Señor se le apareció y le dijo: "Yo nunca te dejaré ni te abandonaré". El misionero se animó mucho con esta preciosa verdad, pues cobró vida para él. Jesús se hizo tan real para él en prisión que casi se sintió decepcionado cuando fue puesto en libertad.

Aprenda a moverse en el amor y el favor de Dios sean cuales sean sus circunstancias. Quizá las circunstancias no cambien, pero es posible entrar en una esfera espiritual que hace que las circunstancias se desvanezcan en un segundo plano.

La vida espiritual y la victoria en las que usted entra son tan reales que inundan su alma. Una vida superior le alimenta desde el mundo espiritual. Recibe gozo. Recibe victoria.

Un misionero fue prisionero de guerra en Japón durante la Segunda Guerra Mundial. Los guardias le daban patadas y le golpeaban. Fue sometido a una dura presión. El misionero se alejaba constantemente de las espantosas realidades a la santa presencia del Señor. Supo cuándo terminó la guerra antes que los guardias. Vivió en la presencia del Señor en circunstancias extremadamente adversas.

Usted puede crear sus propias circunstancias entrando en la presencia del Señor como él lo hizo.

Muchos han dicho: "Incluso la muerte es gloriosa; no entiendo cómo alguien odiaría morir". La presencia de Dios le lleva a una victoria completa en todas y cada una de las circunstancias.

Ahora volvamos a José. Él se encontraba en una mala situación en lo natural, pero era parte del plan de Dios para su vida. Dios deseaba que él estuviera allí para poder librar a toda su familia de morir de hambre. José podría haberlo "echado todo a perder" si hubiera tenido un espíritu de derrota. Durante años no supo por qué fue vendido como esclavo, pero más adelante vio el plan del Señor.

Como esclavo era tan positivo, atento y eficaz en su actitud y manera de hablar, que fue ascendido rápidamente. Le pusieron a cargo de toda la casa de Faraón, de su economía y de otras cosas importantes.

Y dijo Faraón a José: Pues que Dios te ha hecho saber todo esto, no hay entendido ni sabio como tú. Tú estarás sobre mi casa, y por tu palabra se gobernará todo mi pueblo; solamente en el trono seré yo mayor que tú. Dijo además Faraón a José: He aquí yo te he puesto sobre toda la tierra de Egipto.

(Génesis 41:39–41)

Al estudiar este pasaje encontrará que este egipcio puso en manos de José todo lo que tenía. El hombre no sabía nada sobre finanzas, así que José tenía campo libre. El hombre sólo sabía qué había en la mesa para comer. José estaba a cargo de su casa. Incluso a su esposa le agradaba José, prefiriéndole antes que a su marido, pero José rehusó ser infiel a su señor. Recuerde esa regla; José servía a su señor.

Usted debe dar si espera recibir algo. Cuando siembra cosas buenas, cosecha cosas buenas.

José fue encarcelado debido a la insistencia de la furiosa esposa porque José no cometió ningún pecado sexual con ella. Ella le tendió una trampa, mintiendo acerca de lo sucedido con José.

Enseguida fue encarcelado.

Pobre José. Primero sus hermanos intentan matarlo; después deciden venderlo como esclavo; luego fue vendido nuevamente en el mercado. A estas alturas debía estar "rendido".

¡Oh, no! "Gozaos en el Señor siempre" era su filosofía. "Bendito sea Dios, aquí estoy en prisión", debió de haber sido su actitud.

"Soy un éxito aquí mismo en prisión", siguió diciéndose a sí mismo. Todo parecía malo. Si él se hubiera anclado en el pasado, se habría descorazonado; sin embargo, mantuvo sus pensamientos en victoria.

Pronto, el carcelero vio éxito en este joven. Tardó dos semanas en cambiar su situación en prisión. En cuestión de semanas, estaba a cargo de la cárcel.

> *Pero Jehová estaba con José y le extendió su misericordia, y le dio gracia en los ojos del jefe de la cárcel. Y el jefe de la cárcel entregó en mano de José el cuidado de todos los presos que había en aquella prisión; todo lo que se hacía allí, él lo hacía. No necesitaba atender el jefe de la cárcel cosa alguna de las que estaban al cuidado de José, porque Jehová estaba con José, y lo que él hacía, Jehová lo prosperaba.* (Génesis 39:21–23)

Conceda a José una hora con el rey, y estará dirigiendo todo el país.

No había derrota o fracaso en este hombre. Las circunstancias no cambiaron su actitud.

Si las circunstancias adversas le golpean, gócese, porque tan sólo le están llevando al lugar donde tiene usted que estar.

Es en el valle de Acor (problemas) donde se abre para usted la puerta de la oportunidad y la esperanza. Lea esta historia en Oseas.

Pero he aquí que yo la atraeré y la llevaré al desierto, y hablaré a su corazón. Y le daré sus viñas desde allí, y el valle de Acor por puerta de esperanza; y allí cantará como en los tiempos de su juventud, y como en el día de su subida de la tierra de Egipto.

(Oseas 2:14–15)

Dios atrajo a los hijos que no estaban donde deberían haber estado en su caminar espiritual.

Se habían apartado del camino de la santidad y la justicia, y no estaban viviendo el plan de Dios para sus vidas.

El los llevó al valle de los problemas, y fue allí donde se arrepintieron, oraron y buscaron al Señor. Entonces Dios convirtió eso en una puerta de oportunidad para ellos.

Fue allí donde fue restaurado su primer amor. Israel cantó como en los días de su juventud. Fue allí donde llegó el éxito. Él les daría viñas después de esta adversa experiencia.

Arrepiéntase, y luego gócese en medio de sus problemas. Tenga una actitud fuerte y positiva.

Espere favor. Espere milagros. Crea en los milagros. Para Dios todo es posible. Dígase estas palabras hoy mismo.

Dios le hace pasar por el fuego y por las aguas para llegar a un lugar más grande y rico.

Conozca lo que Dios dice sobre las cosas. No deje que los problemas le controlen, porque usted puede controlar sus circunstancias con la actitud de un vencedor.

Con lisonjas seducirá a los violadores del pacto; mas el pueblo que conoce a su Dios se esforzará y actuará. (Daniel 11:32)

Viva esperando que sucedan grandes cosas. Esto es fe.

Conozca a su Señor. Conozca Su poder. Él lo puede todo, y lo está haciendo hoy a través de usted. Él nunca está limitado por sus circunstancias.

Puede que tenga usted un impedimento físico. Alabe a Dios, deje que eso obre para usted.

Puede que tenga una inteligencia más lenta que otros. Alabe a Dios; los inteligentes no siempre se llevan a casa el mejor sueldo.

Es el cojo el que atrapa el botín.

Tus cuerdas se aflojaron; no afirmaron su mástil, ni entesaron la vela; se repartirá entonces botín de muchos despojos; los cojos arrebatarán el botín. (Isaías 33:23)

Es el débil quien se vuelve fuerte.

El da esfuerzo al cansado, y multiplica las fuerzas al que no tiene ningunas.

(Isaías 40:29)

Es al gusano sin resistencia al que Dios convierte en un trillo con dientes espirituales que trituran cualquier problema y hacen que se disuelva.

No temas, gusano de Jacob, oh vosotros los pocos de Israel; yo soy tu socorro, dice Jehová; el Santo de Israel es tu Redentor. He aquí que yo te he puesto por trillo, trillo nuevo, lleno de dientes; trillarás montes y los molerás, y collados reducirás a tamo.

(Isaías 41:14–15)

Dios usa a los necios para confundir a los sabios.

Sino que lo necio del mundo escogió Dios, para avergonzar a los sabios; y lo débil del mundo escogió Dios, para avergonzar a lo fuerte. (1 Corintios 1:27)

Su éxito y su favor no dependen de su inteligencia o ignorancia, ni de su fuerza o debilidad.

Más bien, dependen de su total convicción de que su victoria está en Jesucristo y no en usted mismo.

Lleve todos sus pensamientos cautivos a Jesucristo.

Derribando argumentos y toda altivez que se levanta contra el conocimiento de Dios, y llevando cautivo todo pensamiento a la obediencia a Cristo.   (2 Corintios 10:5)

Puede que sus pensamientos quieran llenarse de duda y temor. Llévelos a las Escrituras que hablan del favor y el éxito. Confiese que hoy le están pasando cosas buenas. Emociónese con la Palabra de Dios. Las cosas cambiarán rápidamente para usted.

Usted está casado con el Hijo de Dios. Está en la familia de Dios.

Así que ya no sois extranjeros ni advenedizos, sino conciudadanos de los santos, y miembros de la familia de Dios.

(Efesios 2:19)

Tiene usted mucha palanca con el "Principal". Él es el Señor de señores. Él es el Rey de reyes.

Usted es Su hijo amado. Viva como tal; actúe como tal; viva al máximo de su herencia. Es usted coheredero con Jesucristo.

Dios le pone en favor con Dios y con el hombre

Y si hijos, también herederos; herederos de Dios y coherederos con Cristo, si es que padecemos juntamente con él, para que juntamente con él seamos glorificados.

(Romanos 8:17)

Así que, ninguno se gloríe en los hombres; porque todo es vuestro. (1 Corintios 3:21)

Sí, Dios nos da favor con Dios y con los hombres

Cuando le llegó a Ester, hija de Abihail tío de Mardoqueo, quien la había tomado por hija, el tiempo de venir al rey, ninguna cosa procuró sino lo que dijo Hegai eunuco del rey, guarda de las mujeres; y ganaba Ester el favor de todos los que la veían.

(Ester 2:15)

Y el rey amó a Ester más que a todas las otras mujeres, y halló ella gracia y benevolencia delante de él más que todas las demás vírgenes; y puso la corona real en su cabeza, y la hizo reina en lugar de Vasti.

(Ester 2:17)

Ester se presentó ante el rey y ante otros, y sus corazones dieron un brinco. Ella obtuvo el favor de todos los que la miraron.

Ester era extranjera en la corte del rey, pues era judía. Los judíos estaban sufriendo un severo ataque en aquella época. Muchos iban a morir pronto a menos que Dios interviniera.

Ester podía haber estado muy deprimida y derrotada.

En lugar de someterse a ese ataque del enemigo, se elevó por encima de las presiones e intentó hacer lo imposible.

Ella desató un espíritu de victoria y favor que hizo que el rey pusiera la corona real sobre su cabeza, y ella se convirtió en la reina.

Aún continuaba la planeada persecución de su pueblo. Su vida podría ser pronto arrebatada junto con las de otros judíos.

Aun así, ella rehusó escuchar al enemigo que estaba poniendo las circunstancias y pensamientos en su contra.

Ella se elevó por encima de sus problemas. Confesó favor con el rey, y el rey le mostró favor y bendiciones. Su pueblo fue salvado. El enemigo de los judíos fue destruido.

La gente que está alrededor de usted necesita ayuda. Su familia necesita ayuda, y usted es el libertador a través de Jesucristo. Aparte sus ojos de sus capacidades y póngalos en las de Dios. Viva como un creyente, y haga uso hoy de toda su fortaleza.

Confiese: "Ester obtuvo favor a ojos de todos los que la miraron. Yo tendré favor hoy con la gente. Hoy conoceré a buenas personas, y entablaré con ellas buenas relaciones. Hoy favoreceré y honraré a otros".

Mantenga esta actitud todo el día. Espere encontrar buenas situaciones. De hecho, usted puede sacar algo bueno de las malas situaciones con este espíritu de fe, victoria y favor trabajando en usted y para usted.

Elimine de su pensamiento toda actitud negativa hacia otros.

Está usted aprendiendo a moverse en la ley del éxito y el favor. Este es el principio de una vida de amor verdadero en Dios. Ahora está entrando en la esfera de la transformación total en sus relaciones con los demás.

cuatro

El favor cambia familias

Hola cariño, mira lo que tengo para ti", dijo la avergonzada voz de su esposo.

Mientras la esposa recibía de su marido una caja grande y cara de chocolates comprada por puro amor y devoción, sintió una gran emoción al pensar en lo que el Señor ha hecho en los corazones de ambos.

A la semana siguiente, el esposo llegó a casa con un gran paquete que contenía un hermoso abrigo nuevo, el cual su esposa había deseado desde hacía algún tiempo. Este esposo no fue siempre tan generoso o atento con su esposa. Su cambio de actitud llegó sólo después de que su esposa y sus hijos confesaran diariamente, durante dos semanas consecutivas, que tenían favor con papá, y que papá tenía favor con ellos.

Comenzaron a vivir esperando que la vida respondiera en papá. La fe estaba obrando en sus vidas. Dios no está limitado por ninguna situación. Dios comenzó a arreglar las cosas, y milagros comenzaron a ocurrir en ese hogar.

Puede que usted tenga alguna situación en el trabajo con su supervisor o con sus empleados. Aplique esta actitud de favor; espere conocer a personalidades emocionantes llenas de favor hacia usted. Deles tiempo. Usted los favorece y los honra aunque al principio ellos verbalmente no le traten bien.

Una mujer sufrió una herida profunda debido a la lengua amarga de su supervisor. Ese supervisor le había estado causando problemas durante meses, y ella había llegado al punto de querer abandonar el trabajo debido a una situación extremadamente mala entre ellos.

Una mañana, esta mujer había estado confesando favor con su supervisor. Lo primero que hizo el supervisor fue herirla profundamente de manera verbal con palabras desagradables y cortantes. De inmediato, la mujer comenzó a mostrar favor con el supervisor a base de amor y amabilidad, diciendo: "Perdóneme si le he ofendido".

Su corazón casi se quebrantó de amor y compasión por su supervisor. En cuestión de minutos, el supervisor le estaba diciendo: "Amiga, ¿puedo hacer algo por usted? Por favor, perdóneme por ser tan irascible". Este fue el comienzo de una hermosa relación. La bondad comenzó a salir de ese supervisor.

Saque lo bueno de la gente en lugar de lo malo. Usted es el responsable de guiar a las personas en vez de hacerles callar.

cinco

Acérquese a Dios en busca de favor

El que procura el bien buscará favor; mas al que busca el mal, éste le vendrá.
—Proverbios 11:27

No piensan en convertirse a su Dios, porque espíritu de fornicación está en medio de ellos, y no conocen a Jehová.
—Oseas 5:4

No pensaban ni planeaban hacer el bien. Estaban inclinados hacia lo negativo, inclinados hacia una vida egocéntrica. Si algo les ofendía, se ponían a la defensiva. Llevaban sus sentimientos sobre sus hombros, y estaban llenos de venganza. El odio estaba escrito en sus rostros.

La soberbia de Israel le desmentirá en su cara; Israel y Efraín tropezarán en su pecado, y Judá tropezará también con ellos.

(Oseas 5:5)

Eran tan negativos y malos que se podía ver en sus rostros. Eran duros y rigurosos.

Este espíritu debe ser roto en su vida. Busque diligentemente el bien en la vida; espere que le ocurran cosas buenas, y seguramente le ocurrirán. Proverbios 11:27 le enseña a buscar diligentemente cosas buenas y hacerlas.

Debe disponer su corazón hacia el bien. Al individuo que hace esto, el favor le seguirá. *"El que procura el bien buscará favor"* (Proverbios 11:27).

Por otro lado, si busca diligentemente el daño, éste le vendrá. Pensar constantemente en los problemas crea más problemas.

Esperar problemas le hace inclinar cada pensamiento y patrón de su vida hacia una actitud de problemas y apuros.

Si usted es creyente, tiene a Jesucristo en su interior y, por tanto, la obligación de sacar lo bueno de las situaciones. Todas las cosas ayudan a bien a los que aman al Señor.

Mas buscad primeramente el reino de Dios y su justicia, y todas estas cosas os serán añadidas. (Mateo 6:33)

Acérquese al Señor.

Deje que su amor y devoción sean primero, y por encima de todo, para el Señor.

Busque Su justicia.

Desarrolle un espíritu de amor por el Señor y por los demás.

Ministre al Señor siendo amable, tanto con los agradables como con los que no lo son. Haga que su misión sea ser bueno y amable con los demás.

Lleve a Jesús con usted cuando salga de la iglesia.

Si alguno dice: Yo amo a Dios, y aborrece a su hermano, es mentiroso. Pues el que no ama a su hermano a quien ha visto, ¿cómo puede amar a Dios a quien no ha visto?

(1 Juan 4:20)

Viva para ser una bendición para otros.

Si no ama a otros, realmente no ama a Dios.

Trate a los demás como si fueran Jesús.

Decida ser amable con su prójimo.

Piense en la bondad que va a dar hoy.

Ahora está preparando el fundamento de las actividades del día. Espere que hoy ocurran cosas que nunca antes le habían ocurrido. Viva repartiendo amor. Viva dando una palabra amable. De esta manera usted está entrando en el favor, el camino al éxito.

Confiese esta frase cada mañana: "Hoy seré una bendición para el Señor. Seré una bendición para otros".

seis

La naturaleza de Dios es favorecer a otros

Usted fue creado a imagen de Dios. A través de Jesucristo, tiene la capacidad de favorecer a otros y de recibir el favor de otros.

Usted es un heredero de Dios a través de Jesucristo.

> *Así que ya no eres esclavo, sino hijo; y si hijo, también heredero de Dios por medio de Cristo.* (Gálatas 4:7)

Usted es coheredero con Jesucristo.

> *Y si hijos, también herederos; herederos de Dios y coherederos con Cristo, si es que padecemos juntamente con él, para que juntamente con él seamos glorificados.*
> (Romanos 8:17)

Tiene la competencia de Dios en su interior a través de Jesucristo.

No que seamos competentes por nosotros mismos para pensar algo como de nosotros mismos, sino que nuestra competencia proviene de Dios, el cual asimismo nos hizo ministros competentes de un nuevo pacto, no de la letra, sino del espíritu; porque la letra mata, mas el espíritu vivifica.

(2 Corintios 3:5–6)

Usted es un trabajador juntamente con Cristo.

Así, pues, nosotros, como colaboradores suyos, os exhortamos también a que no recibáis en vano la gracia de Dios.   (2 Corintios 6:1)

Usted y Jesús están unidos por razones redentoras.

Aun estando nosotros muertos en pecados, nos dio vida juntamente con Cristo (por gracia sois salvos), y juntamente con él nos resucitó, y asimismo nos hizo sentar en los lugares celestiales con Cristo Jesús.

(Efesios 2:5–6)

El plan de Dios es que usted vaya en la competencia y el poder de Dios, y favorezca a otros como el Señor favorece a otros.

Mas tú, Señor, Dios misericordioso y clemente, lento para la ira, y grande en misericordia y verdad. (Salmo 86:15)

Misericordioso y clemente es Jehová; lento para la ira, y grande en misericordia.
(Salmo 103:8)

Al igual que Dios es un Dios de amor, también es un Dios de favor. Él quiere favorecerle y honrarle hoy. Un espíritu fuerte y negativo destruirá su capacidad para alcanzar y recibir gran parte de este favor.

Confesar constantemente lo negativo impedirá que el favor de Dios venga a usted. Es como una barricada o un corto en un circuito eléctrico.

Dios está extendiéndole Su mano de favor. Usted debe dejar de pensar que no se puede hacer, debe dejar de pensar que no es capaz de recibir o dar el favor de Dios, y debe dejar de pensar que usted no es digno de Su favor.

El Señor es compasivo, clemente, y lleno de misericordia aunque usted no lo merezca. Despierte a las riquezas de Su misericordia y favor.

Ahora, libere este mismo amor, misericordia y bondad a otros. Usted es el distribuidor del amor, la misericordia y el favor de Dios hacia los demás.

El amor y la misericordia de Dios fluyen a través de usted. Usted es Su embajador y Su colaborador. Usted está unido a Jesús por propósitos redentores. Despierte a las responsabilidades y oportunidades de ser heredero de Dios y coheredero con Jesucristo.

No os engañéis; Dios no puede ser burlado: pues todo lo que el hombre sembrare, eso también segará. (Gálatas 6:7)

Cuando afronte nuevas situaciones, busque la posibilidad en lugar de la imposibilidad. Busque un milagro en lugar de una derrota. Vaya más allá de todo lo que haya hecho en el pasado.

Debe planear su situación actual. Vaya más allá de sus logros presentes. Salga de la "rutina" planificando y esperando ir a nuevos niveles de favor y éxito. Sueñe a lo grande. Los pensamientos son el comienzo de los grandes logros.

Porque cual es su pensamiento en su corazón, tal es él. Come y bebe, te dirá; mas su corazón no está contigo. (Proverbios 23:7)

Aquello en lo que piensa y medita, pronto estará llamando a su puerta.

Dios favorece a otros, así que debería usted meditar constantemente en bendecir a otros.

Cuando usted siembra buenos pensamientos en otros, entonces les ministra buenas acciones a esas personas.

La Escritura enseña que debe usted dar, y entonces el Señor hará que los hombres le den a usted. Dé buenos pensamientos y acciones, y a cambio le honrarán. El Señor dijo: "Sean misericordiosos para alcanzar misericordia".

Dios es un Dios de amor, favor y misericordia.

Usted debe seguir Sus pasos. Diríjase y dispóngase a ser paciente y amable con los demás. Dispóngase a ser una bendición hoy, y habrá muchas cosas emocionantes que le sucederán.

Dios es un Dios de favor, y Él constantemente asciende a quienes aprenden a vivir bajo esta ley del favor. Usted puede alcanzar este favor de dos formas.

En primer lugar, espere que el favor fluya de Dios hacia usted y de otros hacia usted. En segundo lugar, favorezca a otros aun cuando ellos puede que no le traten tan bien.

Dios es misericordioso con los despiadados. Es amable con los rudos, paciente con sus enemigos. Desarrolle esta actitud de orar por sus enemigos, y observe cómo su vida saltará a un nuevo papel y a una experiencia emocionante.

No todas las situaciones saldrán como usted quiera; debe usted aprender a fluir con la actitud y la mente del Señor. Se tropezará con situaciones que no saldrán perfectamente al principio, incluso con algunas que parece que nunca salen como usted espera.

No obstante, habrá muchas situaciones cotidianas que serán una recompensa a sus esfuerzos.

Ya hemos mencionado a José. Él pasó por un infierno de vez en cuando, pero siempre aplicó la ley del favor. Encontró un nuevo estímulo en el favor con cada nueva situación. Se mantenía lleno de expectativa.

Rehusó dejar que las circunstancias le controlaran. Cada caso de derrota fue un nuevo desafío para él. Se elevó por encima de sus problemas. El Dios de favor llegó para ayudarle.

Algo para recordar

Pero los que esperan a Jehová tendrán nuevas fuerzas; levantarán alas como las águilas; correrán, y no se cansarán; caminarán, y no se fatigarán. (Isaías 40:31)

Tenga en mente que hay un periodo de espera para su ministerio. Dios es un Dios de paciencia. Juan lo llamó un reino de paciencia.

No permita que la impaciencia destruya su camino hacia el éxito a través del favor.

Aguarda a Jehová; esfuérzate, y aliéntese tu corazón; sí, espera a Jehová. (Salmo 27:14)

Espere aunque Él se demore.

Cansado estoy de llamar; mi garganta se ha enronquecido; han desfallecido mis ojos esperando a mi Dios. (Salmo 69:3)

El salmista, más adelante en este mismo pasaje que acabamos de citar, dijo: "Señor, parte de mi problema ha sido culpa mía, pero una cosa sé, que los que esperan en ti nunca serán avergonzados. Sé que vendrás a mi encuentro".

Dios, tú conoces mi insensatez, y mis pecados no te son ocultos. No sean avergonzados por causa mía los que en ti confían, oh Señor Jehová de los ejércitos; no sean confundidos por mí los que te buscan, oh Dios de Israel. (Salmo 69:5–6)

siete

Favor especial y éxito para los que realmente aman al Señor

La gracia [favor] sea con todos los que
aman a nuestro Señor Jesucristo con
amor inalterable. Amén.
—Efesios 6:24

Dios es un Dios de misericordia, gracia y bondad. Él bendice a cada persona de una forma general, enviando bendiciones tanto sobre justos como sobre injustos.

Hay un favor especial para quienes realmente aman a Jesús. Esta es la relación que tenían Pedro, Santiago y Juan. Pedro, Santiago y Juan fueron quienes vivieron la experiencia del monte de la transfiguración. Juan siempre estaba cerca de Jesús, recibiendo grandes verdades y amor.

Acérquese a Dios, y usted también podrá ser un recipiente de Sus favores especiales. Jesús dijo:

Si alguno me sirve, sígame; y donde yo estuviere, allí también estará mi servidor. Si alguno me sirviere, mi Padre le honrará.

(Juan 12:26)

Hay un favor especial por encima y más allá del favor general del Señor para los que pasan a ese grupo más íntimo.

Dios le está honrando hoy con éxito y favor a medida que usted recibe esto en su espíritu. Será necesario que libere este amor y favor hacia otros para que sea del todo efectivo.

El Mar Muerto está muerto porque no tiene salida. Usted morirá si no reparte las bendiciones de Dios a otros.

Dios le da semilla al hombre que está ocupado sembrando

Y el que da semilla al que siembra, y pan al que come, proveerá y multiplicará vuestra sementera, y aumentará los frutos de vuestra justicia. (2 Corintios 9:10)

Cuando usted reparte amor y bendiciones, Dios sigue llenando su vida de nuevo amor y bendiciones.

La electricidad no tiene potencia a menos que se cierre el circuito. El amor y el favor no tienen potencia hasta que se cierre su circuito. Usted debe dejar que fluya hacia los demás.

Amar al Señor aporta beneficios

Yo amo a los que me aman, y me hallan los que temprano me buscan. Las riquezas y la honra están conmigo; riquezas duraderas, y justicia. (Proverbios 8:17–18)

Las riquezas y la honra fluyen hacia el individuo que se atreve a poner a Jesús en primer lugar en su vida.

El éxito le está esperando en su puerta, listo para servirle.

La fe libera el poder de Dios. El éxito no llega sólo por ir a la iglesia y ser una persona con una moral relativamente buena.

El éxito llega cuando uno se afirma en la verdad. La verdad nos hace libres.

Nunca se apartará de tu boca este libro de la ley, sino que de día y de noche meditarás en él, para que guardes y hagas conforme a todo lo que en él está escrito; porque entonces harás prosperar tu camino, y todo te saldrá bien. (Josué 1:8)

Una de las bases de la ley del Antiguo y el Nuevo Testamento es amar a Dios y amar al prójimo. Practique caminar en amor y meditar en la

Palabra de Dios en su corazón, y pronto comenzará a tener éxito.

Sino que en la ley de Jehová está su delicia,
y en su ley medita de día y de noche.

(Salmo 1:2)

Este hombre se hace fuerte como un árbol plantado junto a corrientes de aguas, que da fruto a su tiempo. Cualquier cosa que este hombre haga, prosperará.

Al amar al Señor a través de Su Palabra, un arroyo de éxito nuevo y fresco comienza a fluir a través de usted. Siga practicando esta meditación en la Palabra, ya que cuando usted medita en Su Palabra, está mostrando su amor a Dios.

Libere este amor por el Señor y por los demás, y el éxito no podrá pasarle por alto nunca más.

Viva creyendo que todo es posible para Dios. Viva esperando que las riquezas y el honor le llegarán desde muchas fuentes.

Crea que llegarán los ascensos, crea que surgirán proyectos imposibles.

Crea que Dios le dará respuestas a las necesidades de la humanidad que nunca antes ha dado.

Estos son los mejores tiempos para estar vivo. Los recursos están a su disposición para que vaya y realice grandes proyectos. Invente lo que sea necesario para conseguir autos que ahorren combustible, así como casas, oficinas y otras innovaciones.

Que Dios le haga ser una persona de éxito. Crea hoy lo imposible para usted. La única limitación que Dios tiene es que usted carezca de entendimiento de Sus leyes.

Las riquezas de Dios están a su disposición.

Así que, ninguno se gloríe en los hombres; porque todo es vuestro. (1 Corintios 3:21)

No se gloríe en otros. Tiene todo a su disposición, incluso talentos que no ha descubierto. Si realmente quiere que Dios se enoje con usted, no desarrolle los talentos que Él le ha dado.

Quitadle, pues, el talento, y dadlo al que tiene diez talentos. Porque al que tiene, le será dado, y tendrá más; y al que no tiene, aun lo que tiene le será quitado. Y al siervo inútil echadle en las tinieblas de afuera; allí será el lloro y el crujir de dientes.

(Mateo 25:28–30)

El Señor estaba enojado con este hombre por haber escondido su talento por temor al fracaso. Esté dispuesto a equivocarse; atrévase a hacer algo por el Señor, y no se quede con los brazos cruzados orando y pidiéndole a Dios que haga cosas que usted mismo debe hacer en fe. Debe avanzar por fe.

Porque por fe andamos, no por vista.

(2 Corintios 5:7)

Dios le da al hombre que utiliza sus talentos, y éste recibe en abundancia.

Dios toma del hombre que no utilizará sus bendiciones y da a la persona que los utiliza.

He observado esto también en mi propia vida. Me gusta darle a una persona que tiene éxito. Siento que lo usará para una buena causa. Un hombre que es pequeño en su manera de pensar es una mala inversión.

Dios espera que usted tome lo que tiene a la mano y lo desarrolle. Muchas personas esperan que Dios se mueva por ellos. La fe dice: "Dios se ha movido; ahora me toca a mí actuar".

Moisés oró: "Dios, muévete; pon esto en funcionamiento", a lo cual Dios respondió: "Eres tú quien debe ponerlo a funcionar".

Entonces Jehová dijo a Moisés: ¿Por qué clamas a mí? Di a los hijos de Israel que marchen. Y tú alza tu vara, y extiende tu mano

sobre el mar, y divídelo, y entren los hijos de
Israel por en medio del mar, en seco.

(Éxodo 14:15–16)

A menudo usted clama a Dios cuando Dios está esperando que usted mueva montañas por fe.

Hable a su situación. Dios puede hacer cualquier cosa a través de usted, pero usted debe liberar su fe para que Dios pueda moverse.

Toma la vara, y reúne la congregación, tú
y Aarón tu hermano, y hablad a la peña a
vista de ellos; y ella dará su agua, y les saca-
rás aguas de la peña, y darás de beber a la
congregación y a sus bestias.

(Números 20:8)

"Miren ahí fuera y vean nuestra nueva y preciosa iglesia", dijo el pastor. Los ojos naturales de la gran congregación no podían ver nada, pero sus ojos espirituales, entrenados para ver lo imposible, podían ver ese precioso centro internacional ahí fuera con las banderas de muchos países ondeando sobre él.

En ese momento, todos los recursos naturales para recaudar dinero para ese precioso edificio se habían agotado. No había esperanza en las compañías financieras ni en los bancos para obtener esa suma de dinero tan grande.

John Osteen siguió animando a su congregación a hablar a la roca de las limitaciones naturales que impedían la construcción de ese edificio.

"Le hablé a esa roca de limitaciones", gritó el hermano John Osteen. Su congregación continuó confesando y hablando junto con él.

La convención estaba en marcha. El edificio no era el mayor asunto en ese entonces. Ellos estaban preocupados más por lo que Dios estaba haciendo.

En ese mismo instante, Dios interrumpió el servicio. Un hombre se levantó e hizo el compromiso de una gran ofrenda para el nuevo edificio. Otro se levantó y prometió otra ofrenda. Entonces, un río de amor inundó la congregación. Por todos lados la gente se levantaba y hacía ofrendas para ese edificio. Tras contar el dinero, recaudaron varios miles de dólares.

Comenzaron el edificio por fe. Agotaron la cuenta bancaria en varias ocasiones, pero Dios siempre traía el dinero a medida que lo necesitaban. Pagaron en efectivo todo el edificio mientras se construía.

Usted también puede hablarle a la roca de sus limitaciones. Anticipe que le ocurrirán cosas buenas. El éxito llega a medida que usted confiesa, habla y cree.

Nunca busque sus recursos en los hombres.

Espere que Dios se mueva en los hombres, pero nunca ponga sus ojos en ningún hombre en particular. Los hombres le fallarán, pero Dios nunca le fallará.

Cuando acuda a una entrevista de trabajo, anticipe favor, pero crea y mire a Dios. Ese trabajo en particular puede que no se materialice, pero siga mirando a Dios, porque Él nunca le decepcionará.

Así perezcan todos tus enemigos, oh Jehová; mas los que te aman, sean como el sol cuando sale en su fuerza.   (Jueces 5:31)

La mayoría de ustedes aman al Señor. ¿Dónde está su éxito? Aún no han comprendido plenamente que Dios quiere bendecirles, y por eso siguen dando vueltas a su mundo negativo de temores, dudas y fracasos, pensando: "Quizá algún día lo consiga". Lo que ha ocurrido es que usted ha bloqueado su fe.

Continúe hoy hacia adelante, cantando: "Amo al Señor. Dios me está bendiciendo. Él me honrará hoy. Soy fuerte como el sol en toda su fuerza. Dios está conmigo. Soy Su hijo amado".

Adore al Señor en esta actitud. Viva con emoción. Viva con expectación.

ocho

Favor especial y éxito para los que buscan al Señor

*Clama a mí, y yo te responderé, y te enseñaré
cosas grandes y ocultas que tú no conoces.*
—Jeremías 33:3

Haga una confesión positiva, diariamente, de que usted es una persona de oración. Mantenga esta confesión. Quizá no esté orando como desea, pero siga diciéndolo. Pronto, lo positivo cobrará fuerza, y descubrirá que está fluyendo en la victoria que su fe ha creado y ha puesto en existencia.

Debe usted convertirse en un hombre o una mujer que caminan de la mano con Dios en comunión, amor, devoción y oración si desea prosperar por medio de Su ley del favor: el camino al éxito.

No hay atajos. Debe caminar en santidad.

Las confesiones negativas de que usted no es un hombre o una mujer de oración, o de que nunca encontrará tiempo para leer la Palabra de Dios, simplemente crean más derrota; harán que usted continúe posponiendo la oración y el estudio bíblico.

Cuanto más confieso por fe que soy un hombre de oración, más me encuentro a mí mismo fluyendo en esa vía. Es emocionante ver la ley de Dios del favor y el éxito llevándome a una vida en Cristo más plena cada día.

Los leoncillos necesitan, y tienen hambre; pero los que buscan a Jehová no tendrán falta de ningún bien. (Salmo 34:10)

En Jueces 18 se instó a los hijos de Israel a entrar en la tierra de la promesa.

Cuando vayáis, llegaréis a un pueblo confiado y a una tierra muy espaciosa, pues Dios la ha entregado en vuestras manos; lugar donde no hay falta de cosa alguna que haya en la tierra. (Jueces 18:10)

Usted se encuentra hoy en la tierra de la promesa espiritual a través de Jesucristo y de la plenitud de Su Espíritu.

Todas las cosas son de usted.

Usted es Su hijo o hija.

Usted es Su rey.

Usted es hoy Su sacerdote.

Satanás está bajo sus pies.

El fracaso está bajo sus pies.

La pobreza está bajo sus pies.

Cobre vida hoy. Usted está en la tierra de la prosperidad. Tómela por fe; viva con este conocimiento. Dios le ha llevado a un lugar de prosperidad en Jesucristo. Usted todo lo puede en Jesucristo.

Todo lo puedo en Cristo que me fortalece.
(Filipenses 4:13)

Está viviendo en la tierra que no tiene escasez. El Señor es su pastor, y nada le faltará.

Dios es el Dios de lo sobrenatural. Todo es posible para Dios.

Usted está en Su empresa. Él está obrando a través de usted; está haciendo lo imposible a través de usted hoy. Viva esperando que comience a suceder lo imposible en su vida.

Usted ha sembrado lo negativo por mucho tiempo. Ha anticipado el fracaso en muchas áreas de su vida.

Ha anticipado problemas en muchas áreas. Su fe ha sido un sueño en lugar de una experiencia real.

Desarrolle la actitud de alguien que dice: "Todo lo puedo en Jesucristo".

Él le ha bendecido con toda bendición espiritual en Cristo Jesús.

Bendito sea el Dios y Padre de nuestro Señor Jesucristo, que nos bendijo con toda bendición espiritual en los lugares celestiales en Cristo. (Efesios 1:3)

Usted está completo en Cristo Jesús.

Y vosotros estáis completos en él, que es la cabeza de todo principado y potestad. (Colosenses 2:10)

Usted comparte la vida de Cristo; comparte Su ministerio, Sus milagros, Sus posibilidades. ¡Aleluya! Salga de su caparazón de temor e inseguridad.

Dios le dio favor a Daniel con los príncipes.

Confiese: "Dios me está dando favor y éxito hoy".

Un amigo mío me escuchó hablar sobre el favor y, tras entenderlo, comenzó a confesar favor y éxito. Su ministerio comenzó a extenderse hacia nuevas áreas.

Diferentes empresas y ministerios comenzaron a hacer negocios con él y a querer contratar sus servicios. Eso le dio un aspecto totalmente nuevo a su ministerio.

Su propia confesión es: "Confesaré éxito y favor hasta que Jesús me llame a casa". ¡Gloria a Dios!

Si espera que el favor llegue hasta usted desde la mesa de su Padre, entonces puede ir y cenar hoy. Vivir en duda, temor, frustración y la actitud de que yo no puedo hacerlo, sólo traerá cosas malas a su vida.

La casa de los impíos será asolada; pero florecerá la tienda de los rectos.

(Proverbios 14:11)

Esta es la promesa de Dios para usted. Él ha dicho que su casa florecerá. Viva en prosperidad hoy. Crea hoy que la vida le traerá favor, y extienda también honor y favor a otros.

Porque sol y escudo es Jehová Dios; gracia y gloria dará Jehová. No quitará el bien a los que andan en integridad. (Salmo 84:11)

Jesús es su escudo contra el fracaso.

Él es su protector, y no retendrá cosas buenas para usted hoy.

El justo florecerá como la palmera; crecerá como cedro en el Líbano. (Salmo 92:12)

El plan de Dios es que usted prospere. El plan de Satanás es que usted acepte el fracaso. Es usted quien debe tomar la decisión de seguir el plan del Señor para usted.

El enemigo quiere que usted esté enfermo, triste y que tenga miedo, porque desea destruirle.

El ladrón no viene sino para hurtar y matar y destruir; yo he venido para que tengan vida, y para que la tengan en abundancia.

(Juan 10:10)

Rechace lo negativo, rechace el fracaso. Levántese hacia una vida abundante provista por Jesucristo.

Rebélese contra el espíritu de fracaso con que Satanás le ha engañado para que lo acepte en su vida.

Dios dice que usted florecerá. Identifíquese con esta verdad, pues la verdad le hace libre. No mire a su alrededor, ni a sus logros pasados o presentes, sino a Jesús. Mire esta verdad.

"El justo florecerá". Aférrese a esto. Lleve todo pensamiento cautivo a Jesucristo. Haga que cada pensamiento se ponga de acuerdo con esta verdad. Usted florecerá como una palmera.

Una palmera es un árbol resistente. Crecerá aunque se le trate mal o no se le den los cuidados pertinentes. Puede que su entorno no beneficie su crecimiento, pero extenderá sus hojas al cielo y sus raíces en lo profundo de la tierra, y extraerá los recursos escondidos en esas profundidades.

Vi un grupo de palmeras creciendo en un cañón rocoso en Arizona. No había otra cosa que desierto a su alrededor, pero allí estaba ese grupo de palmeras. La gente que pasaba por ese lugar había quemado algunas de ellas, pero seguían creciendo.

Otras habían sido golpeadas duramente, pero seguían creciendo. No había agua en la superficie, pero sus raíces se adentraban en la tierra, y llegaban hasta las aguas profundas.

La situación de su iglesia puede que no sea perfecta, pero puede aferrarse a Jesús y alimentarse de Su poder. Puede arraigarse en la Palabra y florecer como esas palmeras. Puede estar siendo perseguido y aun así prosperar en medio de ello.

La situación de su familia quizá sea amarga, pero aun así puede usted encontrar el éxito. Su éxito no depende de su entorno, sino de su actitud y el entendimiento que tenga de su capacidad para llegar a Jesucristo y vivir en Su fortaleza.

nueve

Confiese favor

Confiese favor con su familia

Si existe algún problema en su hogar con algún miembro de la familia, siéntese y relájese. Tome las riendas de la situación; crea que Dios está sonriendo sobre usted y su vida; confiese que sus hijos le aman, y que usted ama a sus hijos; confiese que su marido le ama, y que usted ama a su marido; confiese que su esposa le ama, y que usted ama a su esposa.

Niéguese a aceptar lo negativo en estas áreas. Rechace todo lo que vea a primera vista que tendería a desanimarle. Tome las riendas de la situación creyendo en el favor y el éxito para su familia.

Confiese favor en nuevas situaciones

Cuando mi esposa y yo nos enfrentamos a una situación nueva, una nueva ciudad o una iglesia nueva, siempre confesamos favor con la gente. Acordamos los dos que Dios nos dará favor con la gente, y que nosotros les mostraremos amor y favor a ellos.

Es emocionante ver cómo el Señor comienza a cambiar vidas y a hacer que la gente vea nuestro ministerio a través de los ojos del amor.

Consideramos que esto es una piedra angular del éxito de nuestro ministerio.

Cuando se enfrente a nuevas situaciones, vívalo con emoción. Viva esperando que ocurran cosas buenas. Esto es poner su fe en acción.

Confiese favor en países extranjeros

Las situaciones pueden ser graves en las inspecciones fronterizas. Busque la voluntad del Espíritu Santo. Haga sólo lo que un Dios perfecto quisiera que usted hiciese. Espere que ocurran grandes cosas incluso en un lugar difícil. Dios puede hacerle pasar por sitios rápidamente. Él puede darle favor con los oficiales al mando, y grandes cosas le ocurrirán.

Los misioneros en particular pueden aprovecharse de esto al viajar y pasar de una situación a otra. Muchas veces están en lugares hostiles. Cuando crean que recibirán favor, se sorprenderán de ver a Dios hacer milagros mucho más grandes y por encima de lo que se espera o es lo normal.

Muchas veces Dios le da favor cuando usted no sabe cómo confesar favor y éxito. ¿Cuánto más lo hará cuando conozca usted la ley del favor de Dios?

Un misionero estaba intentando conseguir algo al otro lado del punto de control de la frontera, pero no se le permitía pasar. Se fue al siguiente punto de entrada.

Le volvieron a detener. En el siguiente punto de entrada descubrió que le estaban llamando para que avanzase. Los oficiales le saludaron, diciéndole: "Le hemos estado esperando".

Él comenzó a confesar favor y éxito justamente antes de llegar. Salió de su vehículo y les dijo exactamente lo que tenía en el maletero de su auto. Entonces dijo: "Si ustedes no dejan de obstaculizar el evangelio de Jesucristo, Dios les castigará. Yo traigo aquí este material para ayudar a su país y a su gente. Espero que ustedes me otorguen el permiso para entrar por aquí".

Ellos llamaron al oficial al mando, y le dieron al misionero un permiso especial para entrar en el país.

Muchos misioneros podrían contarle emocionantes historias de su éxito y favor en situaciones como ésta que le pondrían los cabellos de punta.

Un amigo mío llevaba la Biblia a un país cerrado. Llevaba una Biblia en su mano, y tenía Biblias cosidas en su abrigo. El guardia en la puerta le preguntó si tenía más libros como el que tenía en su mano. Le dijo que sí. El guardia le indicó que pasara por la puerta. No sabemos que hizo el Espíritu Santo que ese guardia oyera, pero sí sabemos que Dios le dio favor a mi amigo.

Confiese favor en el trabajo

A menudo las cosas se ponen serias entre los compañeros de trabajo de una empresa. Avance victorioso; Dios está cambiando todo a su alrededor. Al volver a casa cada día se emocionará mucho después de un día de favor y éxito en situaciones que normalmente le habrían derrotado.

Confiese favor con gente que tiene una personalidad desagradable

Hay días en que algunas personas se levantan de la cama con el pie izquierdo. Otras se levantan con el pie izquierdo todos los días, pero uno se puede recostar y ver un cambio en situaciones graves en las vidas de otras personas al igual que en la suya propia. Proyecte un espíritu de amor.

Las reuniones de negocios a veces se ponen muy difíciles y tensas.

Un hombre de éxito será sensible al Espíritu Santo. Buscará la sabiduría y confesará favor, confesando que Dios pondrá palabras en su boca.

Un hombre se encontró con una amarga situación en la que los hombres y las mujeres estaban siendo muy inconsiderados entre sí. La reunión era fría, helada.

Antes de entrar, confesó favor y éxito. Creyó que responderían favorablemente al espíritu cristiano en el que él se movía. En cuestión de minutos tras su llegada, la atmósfera de la reunión pasó a ser desenfadada y alegre.

Usted obtiene aquello que cree.

Cuando le llegó a Ester, hija de Abihail tío de Mardoqueo, quien la había tomado por hija, el tiempo de venir al rey, ninguna cosa procuró sino lo que dijo Hegai eunuco del rey, guarda de las mujeres; y ganaba Ester el favor de todos los que la veían.

(Ester 2:15)

Imagínese a usted mismo siendo como Ester.

La gran belleza que ella poseía provenía de su espíritu agradable, y no de su aspecto exterior.

Siéntase fluyendo en favor con quienes le rodean. A medida que lo haga, automáticamente comenzará a responder dando a los demás una sonrisa y un sano respeto. Usted comenzará automáticamente a honrar a quienes le rodean.

diez

No acepte el pasado como una regla para vivir el futuro

Usted puede quedarse en la misma rutina de antaño y no ser muy diferente hasta que se vaya con Jesús, o puede extender su ministerio.

Regocíjate, oh estéril, la que no daba a luz; levanta canción y da voces de júbilo, la que nunca estuvo de parto; porque más son los hijos de la desamparada que los de la casada, ha dicho Jehová. Ensancha el sitio de tu tienda, y las cortinas de tus habitaciones sean extendidas; no seas escasa; alarga tus cuerdas, y refuerza tus estacas. Porque te extenderás a la mano derecha y a la mano izquierda; y tu descendencia heredará naciones, y habitará las ciudades asoladas.

(Isaías 54:1–3)

Usted puede hacer esto; es más, se supone que debería hacerlo. Regocíjese hasta conseguir la victoria. Confiese victoria y favor antes de ser una realidad.

Extienda su ministerio y su alcance por la fe. Pronto verá cómo empieza a funcionar el favor. Es importante sentir la voluntad del Espíritu de Dios para su vida. Pase tiempo en oración en relación con nuevos proyectos. Confiese favor y guía en cada situación, y después avance hacia nuevas áreas, entre las que podría estar comprar terreno, construir nuevos edificios, agrandar su empresa o entrar en nuevos ministerios, como ministerios para alcanzar almas o ministerios de radio y televisión.

No avance con demasiada rapidez. Busque la guía y la aprobación del Espíritu según avanza, y esté dispuesto a retroceder ciertos pasos y a moverse en otras direcciones si así le guía el Espíritu.

Alguien dijo: "No quiero actuar en la carne y fallar a Dios".

Sería mejor actuar en la carne y fallar que quedarse ahí sentado y pudrirse sin intentar tener éxito. Estará más veces en el espíritu de lo que creía.

Deje que el éxito viva en su espíritu. Cuando usted ejercita las bases de la fe, Dios comienza a hacer lo que anteriormente usted consideraba algo imposible.

Dispóngase a recibir favor y honor.

> *Si alguno me sirve, sígame; y donde yo es-*
> *tuviere, allí también estará mi servidor. Si*
> *alguno me sirviere, mi Padre le honrará.*
>
> (Juan 12:26)

Jesús dijo: *"Si alguno me sirviere, mi Padre le honrará"*.

Escriba en un papel cosas que desea lograr a través del favor: el camino hacia el éxito.

Haga una lista de áreas en las que necesita favor en un futuro inmediato. Luego haga una que trate sobre las visiones que tiene en su espíritu de victorias en un futuro más lejano.

Mire al pasado y decida mejorar su situación. Anticipe que Dios le ayudará a salir de su rutina por medio del favor, el camino hacia el éxito.

Yo siempre tengo una confesión que trata de cosas de mi ministerio para un futuro lejano. El favor lleva intrínseco el crecimiento.

> *Antes bien, creced en la gracia y el conoci-*
> *miento de nuestro Señor y Salvador Jesu-*
> *cristo. A él sea gloria ahora y hasta el día de*
> *la eternidad. Amén.* (2 Pedro 3:18)

Confiese que su ministerio está comenzando a madurar.

Confiese que su vida está asumiendo nuevas responsabilidades.

Haga una lista de esas cosas que desea que sucedan en su vida. Algunas tardarán semanas y meses, y otras sucederán de forma casi inmediata.

Cuando haya logrado ciertos objetivos, avance hacia objetivos mayores. Nunca se permita el lujo de llegar al punto de pensar que "ya ha llegado". El desánimo y la desilusión se asentarán rápidamente si lo hace.

Un hombre a quien di consejería recientemente estaba a punto de enfermar físicamente porque se jubiló sin tener un plan de jubilación. Estaba tan mal y confundido que le costaba levantarse de la cama cada día. Si hubiera tenido un programa en mente para la jubilación, hubiera entrado a un nuevo desafío que le hubiera llevado hacia adelante y hubiera alargado su vida.

El éxito llega cuando usted empuja hacia adelante en favor. Tiene que pasar de una gloria a una nueva gloria.

Por tanto, nosotros todos, mirando a cara descubierta como en un espejo la gloria del Señor, somos transformados de gloria en gloria en la misma imagen, como por el Espíritu del Señor. (2 Corintios 3:18)

Convierta su sueño en realidad

Después de haber orado y confesado favor en una situación nueva, póngalo en práctica. Salga y haga lo que nunca hizo en el pasado.

Podría ser comenzar un grupo nuevo de oración o un nuevo ministerio de alcance. Podría ser comenzar una nueva empresa o añadir nuevos departamentos dentro de su empresa actual.

Intente no adentrarse tanto en el mar que no pueda volver a tierra si ve que está avanzando en la dirección o patrón incorrectos.

Mantenga un equilibrio

Hay una línea muy fina entre la voluntad de Dios y la voluntad de la carne. Haga la valiente confesión de que usted está avanzando en Su voluntad y que Él le está guiando.

Pero cuando venga el Espíritu de verdad, él os guiará a toda la verdad; porque no hablará por su propia cuenta, sino que hablará todo lo que oyere, y os hará saber las cosas que habrán de venir. (Juan 16:13)

Dios le está guiando hoy. Anticipe este favor y confiese esta guía.

Rechace la confesión negativa y autocompasiva de: "Pobre de mí. Él nunca me guía". Esto es destructivo para el favor y la guía. Métase en el carril de la victoria adoptando un enfoque sano y positivo de su situación.

No comience a avanzar sin oración, sin un buen consejo y sin haber pensado bien en todo. La fe no siempre sigue el consejo humano, así que entrénese para saber cuándo le está guiando Dios más allá de lo natural. Haga su mejor esfuerzo para mantener un buen equilibrio.

Rehúse empezar basándose en impulsos carnales.

Manténgase en una actitud de total rendición a Jesucristo.

Que su deseo constante sea conocer y seguir la voluntad de Dios para su vida.

Aprenda a reconocer el ego del yo que quiere obtener estima. Su deseo de ser alguien de éxito es para darle gloria al Señor Jesucristo.

once

Testimonios especiales sobre el favor

Una adolescente recibe un trabajo

Una jovencita se levantó en uno de nuestros servicios en Alexandria, Luisiana, y dio un testimonio muy entusiasta.

Dijo: "Hermano Buess, quiero dar testimonio de lo que el favor hizo por mí después de escucharle predicar la Palabra de Dios sobre el favor hace unos cuantos meses. Fui a una entrevista de trabajo. Yo era demasiado joven, e iba a estar allí sólo tres meses, y la empresa quería una trabajadora permanente. Yo había confesado favor durante el camino a la entrevista, y había confesado favor para esa entrevista el día antes.

"El hombre leyó mi solicitud y después se dirigió a mí y me dijo: '¿Por qué cree que debería darle el trabajo?'

"Bueno, soy una bendición allá donde voy", fue su respuesta. "Soy una bendición para mi empresa", continuó.

El jefe respondió: "Pensaba que había contratado a una chica para este trabajo antes de que usted viniera, pero ahora no estoy tan seguro".

"Yo necesito una chica permanente, a jornada completa", dijo el jefe. "No entiendo por qué le estoy contratando a usted sabiendo que se irá dentro de tres meses".

Ella se quedó con ese hombre esos tres meses, y él quedó muy contento con ella.

De hecho, cuando ella estaba preparando todo para irse de la oficina al término de su periodo laboral, el jefe le dijo: "¿Podría encontrarme usted a otra persona que esté llena de vida y victoria como lo está usted? Nunca había tenido una experiencia tan agradable con ninguna otra empleada".

Un misionero encuentra favor con empresarios

Recientemente, un amigo mío encontró favor en operaciones muy importantes de sus iniciativas misioneras.

Tras oír este mensaje sobre el favor, comenzó a aplicar este principio de manera diligente. Lo comparaba con un río de favor fluyendo a dondequiera que él iba. Varias personas comenzaron a contactar con él para ayudarle a promover la obra del Señor.

Un banquero encuentra una herramienta poderosa para dirigir un banco

Yo había estado ministrando en cierto lugar recientemente, y poco después un banquero se acercó a mí y comenzó a decirme la bendición que para él había supuesto el mensaje sobre el favor.

Mientras le escuchaba, me decía que guarda el libro *Favor: El Camino hacia el Éxito* en el banco para distribuirlo entre sus empleados y clientes.

Se le veía emocionado, y dijo: "Voy al trabajo emocionado, anticipando la ley del favor de Dios actuando en nuestro banco. Es como ir a la iglesia. Espero que el favor fluya en la oficina con los empleados y con nuestros clientes".

Recientemente él visitó uno de los otros bancos con los que está afiliado, y dijo: "Me impactó la realidad. Era un mundo muy competitivo". Un poco antes había visitado otro banco después de haber aprendido la ley del favor. Ese banco no sabía nada sobre la ley del favor, y reinaba la confusión. Él dijo: "Qué contento estuve de volver a la paz y el favor con Dios y con mis asociados".

Me encontraba en un estado del sur no hace mucho tiempo cuando se me acercó otro banquero. Tenía un testimonio similar sobre el favor con Dios y con los hombres. Le había regalado un ejemplar de *Favor: El Camino hacia el Éxito* a un cliente que había tenido algunos problemas económicos serios. El cliente estaba tan emocionado que colocó este libro debajo de su almohada y dormía sobre él. Estaba emocionado por la palabra de Dios acerca del favor y el honor con Dios y con los hombres.

El banquero llevó a ese cliente a la iglesia con él aquel día para conocerme. El cliente tenía un testimonio que quería compartir conmigo sobre los resultados del favor de Dios en su vida.

Dijo: "Después de colocar la Palabra de Dios debajo de mi almohada, me ocurrió algo milagroso. Un hombre se me acercó y me dio un donativo de varios miles de dólares. Mi crisis se terminó. Pude salir de la presión económica en la que estaba".

Por cierto, este libro sobre el favor tiene muchos versículos de la Biblia. A eso se refería el hombre cuando colocó este libro debajo de su almohada. No es que considerase que este libro sobre el favor era como la Biblia, sino que estaba emocionado por la Palabra de Dios que contiene el libro.

Un padre comparte cómo su hijo obtuvo favor en la escuela

Me encontraba al oeste de Texas en una reunión cuando llegó un hermano en Cristo justamente cuando el servicio estaba a punto de comenzar. Se acercó a mí y me dijo: "Alguna vez me gustaría darle un testimonio sobre cómo mi hijo vio que el favor fue una gran bendición para su vida".

Le dije que me lo contara rápidamente.

Me dijo: "Mi hijo tenía problemas con todas las asignaturas cuando pasó a noveno grado en el instituto. En ese entonces le dieron un ejemplar de su libro acerca del favor. Lo leyó y quedó fascinado, así que lo leyó de nuevo varias veces. Comenzó a pedir favor con Dios y con los hombres, con los maestros y con sus compañeros de clase. Confesaba que así como Jesús crecía en sabiduría, él también crecería en sabiduría".

El testimonio continuó: "Mi hijo se ha graduado recientemente del instituto. Confesó favor durante cuatro años, y funcionó. Estuvo en la Lista de Destacados, lo cual significa que estuvo obteniendo sobresalientes durante sus últimos cuatro años en la escuela".

Gloria a Dios por personas como estas que encuentran favor con ellos mismos y con quienes les rodean.

A medida que desarrolla confianza en usted mismo, todo su mundo cambia. Su aspecto cambia, su verdadero yo cobra vida y se manifiesta. El Señor Jesús puede aparecer y manifestar Su personalidad y su capacidad mental en usted.

El Club 700 cree en pedir favor

Pat Robertson ha repartido miles de estos libros sobre el favor a la gente que ve el programa *El Club 700*. Lo ha repartido entre todos sus empleados. A cada lugar donde vamos nos encontramos con personas que han recibido este mensaje de *El Club 700* como un regalo.

Testimonio continuo sobre el favor

He tenido personas haciendo filas de tres y cuatro personas a la vez para decirme cómo este mensaje sobre el favor ha cambiado sus vidas.

Una chica dijo: "Este libro me salvó".

Otra chica que estaba al lado dijo: "A mí también. Yo estaba a punto de rendirme cuando recibí este mensaje sobre el favor, y Dios me ayudó a volver a recomponerlo todo".

Favor en el trabajo

He oído a muchas personas que han dado testimonio sobre un cambio radical en sus actitudes en el trabajo.

Antes de aplicar estos principios sobre el favor, estaban recibiendo patadas y siendo pisoteadas.

Luego las cosas comenzaron a cambiar, y empezaron a ser tratados con respeto y honor.

El honor está en usted. Crea en el Jesús de honor, y Él fluirá a través de usted. Cuando su actitud cambia, la gente cambia.

Mantenga estos versículos

Un hombre se acercó a mí y me dijo: "Gracias por recordarme volver a obtener favor".

Dijo: "Realmente estuvo funcionando durante un tiempo, pero gradualmente comencé a olvidarlo, y ya no estaba funcionando tan bien como antes".

A todos los que estáis en Roma, amados de Dios, llamados a ser santos: Gracia y paz a vosotros, de Dios nuestro Padre y del Señor Jesucristo. (Romanos 1:7)

Gracia es favor que usted no merece.

Gracia o favor es como un freno en un automóvil.

Está ahí para que lo use. Úselo y disfrútelo.

El favor funciona en cada creyente hasta cierta medida, pero una vez que empiece usted a estimularlo, funcionará en muchas áreas más.

Nunca imaginé que pudiera aplicarlo en esa área

Muchas personas han acudido a mí con problemas. Cuando les digo que confiesen favor, me miran sorprendidos. "Vaya, nunca se me hubiera ocurrido aplicar el favor en esta situación".

He descubierto que usted entra en el favor por niveles. Aprende a confesarlo en un área y lo olvida en otra. Así que continúe en ello, pues sigue abriéndose y alcanzando mayores dimensiones.

El testimonio de Rut y el favor

Y Rut la moabita dijo a Noemí: Te ruego que me dejes ir al campo, y recogeré espigas en pos de aquel a cuyos ojos hallare gracia. Y ella le respondió: Ve, hija mía. (Rut 2:2)

Rut era una gentil que vivía en Israel. Eso le hacía ser una desvalida. Sin duda alguna, pertenecía a una raza minoritaria.

Eche un vistazo a su espíritu. *"Te ruego que me dejes ir al campo...hallaré gracia* [favor]". Ella tenía una actitud muy positiva hacia la vida. Estaba segura de que tendría éxito, y confesó favor antes de salir de su casa.

¿En qué acabó su confesión? No hay duda al respecto: Dios estaba obrando. Su confesión de fe en ella misma y en que Dios estaría con ella, tuvo sus frutos.

Fue, pues, y llegando, espigó en el campo en pos de los segadores; y aconteció que aquella parte del campo era de Booz, el cual era de la familia de Elimelec. Y he aquí que Booz vino de Belén, y dijo a los segadores: Jehová sea con vosotros. Y ellos respondieron: Jehová te bendiga. Y Booz dijo a su criado el mayordomo de los segadores: ¿De quién es esta joven? Y el criado, mayordomo de los segadores, respondió y dijo: Es la joven moabita que volvió con Noemí de los campos de Moab; y ha dicho: Te ruego que me dejes recoger y juntar tras los segadores entre las gavillas. Entró, pues, y está desde por la mañana hasta ahora, sin descansar ni aun por un momento. Entonces Booz dijo a Rut: Oye, hija mía, no vayas a espigar a otro campo, ni pases de aquí; y aquí estarás junto a mis criadas. Mira bien el campo que sieguen, y síguelas; porque yo he mandado a los criados que no te molesten. Y cuando tengas sed, ve a las vasijas, y bebe del agua que sacan los criados. (Rut 2:3–9)

Normalmente, alguien gentil no sería recibido con tal amabilidad, pero esta era una persona de una naturaleza distinta. Creía en el favor en lugar de en los problemas raciales o el rechazo. Los trabajadores de Booz reconocieron algo en ella y le dieron permiso para trabajar en el campo con las otras sirvientas.

Cuando llegó Booz de Belén, lo primero que dijo tras saludar a sus hombres fue: "¿De quién es esta joven?".

Debió de ser amor a primera vista. Su fuerte espíritu de favor desarmó a este gran hombre, el cual ordenó a los hombres que la dejaran tranquila, le permitió beber de su agua y comer de su comida.

> *Y Booz le dijo a la hora de comer: Ven aquí, y come del pan, y moja tu bocado en el vinagre. Y ella se sentó junto a los segadores, y él le dio del potaje, y comió hasta que se sació, y le sobró.* (Rut 2:14)

Después de esto ordenó a sus hombres que dejaran caer algo de cebada a propósito y que le dejaran recoger algunos manojos.

> *Luego se levantó para espigar. Y Booz mandó a sus criados, diciendo: Que recoja también*

espigas entre las gavillas, y no la avergoncéis; y dejaréis también caer para ella algo de los manojos, y lo dejaréis para que lo recoja, y no la reprendáis. (Rut 2:15–16)

Rut obtuvo tanto favor con Booz, que en realidad ella le hizo una proposición de matrimonio.

Después de casarse, Rut dio a luz a Obed, que se convirtió en el padre de Isaí, quien sería el padre de David.

Así, Rut, la gentil, tuvo tanto favor con Dios que Él pasó por alto Su ley de prohibir el matrimonio de un israelita con cualquier otra persona.

Ella pasó a ser parte del linaje que trajo al Mesías, Jesucristo, al mundo.

¡Gloria a Dios!

Nunca imaginé que podría tener este trabajo tan bueno

Un día, una mujer me detuvo antes de la iglesia y me dijo: "He leído su mensaje sobre el favor y comencé a aplicarlo. Ahora tengo el mejor trabajo que he tenido en toda mi vida. Antes de leer este mensaje, nunca había tenido la confianza suficiente para solicitar ese trabajo. La palabra sobre el favor me dio confianza, y solicité un trabajo que ayer no hubiera imaginado que podría ser posible para mí. Sé que tengo ese trabajo y estoy entusiasmada con Jesús".

Yo me alegré con ella. ¡Aleluya!

Un comercial se regocija en el favor

"Me dijeron que nunca volviera. Pero volví. Me dijeron: 'No nos gusta ni su producto ni su empresa, no vuelva'. Y después leí su mensaje sobre *Favor: El Camino hacia el Éxito*. Estuve de pie, enfrente de esa empresa, confesé favor y entré de nuevo. Ahora es uno de mis mejores clientes. Cambiaron totalmente cuando yo cambié mi actitud acerca del favor de Dios y mi propia confianza en la obra de Dios en mí".

Este es un ejemplo de muchos testimonios similares que recibo frecuentemente.

No tengo trabajo—¿Qué puedo hacer?

Un pastor animó a un hombre que se había unido recientemente a su congregación, diciéndole: "Por cierto, permítame compartir un libro con usted que ha sido una bendición para muchos de nuestros miembros".

Juan tomó el libro y quedó cautivado al instante. Lo leyó y releyó, y confesó los versículos sobre el favor. Más adelante solicitó un trabajo sobre el que no sabía nada. Le contrataron y le enviaron a una escuela para darle un entrenamiento especial. Llevaba menos de un año con la empresa cuando le conocí. Su salario semanal era mayor que lo que una persona promedio gana en un año.

No hace falta decir que Juan reparte estos libros a montones.

Por cierto, Juan es un nombre ficticio, pero la historia es verídica.

El testimonio de un pastor sobre el favor

"He estado enseñando acerca de su libro sobre el favor durante un año. Mi iglesia ha cambiado por completo. Nuestra gente está bendecida. ¿Podría por favor venir y compartir con nosotros acerca del favor?".

Fui, y tanto la gente como yo fuimos bendecidos.

Mi propio testimonio

"No tiene que preocuparse por esto…".

"Oh, sí, déjeme ver si así funciona mejor".

Siguió buscando entre montones de calendarios.

"De verdad, no se preocupe por esto".

"Oh, no se preocupe, déjeme ver algo más que puede ser que funcione". Siguió buscando entre más libros.

"Por favor, no se preocupe, está todo bien como está".

"No, no, deme un minuto. Creo que lo tengo".

Le había preguntado a ese hombre si era posible que hiciera algo en concreto.

Para ser honesto, había olvidado lo que estaba intentando hacer. Podría haber sido un cambio en el horario de un vuelo o algo similar. Su respuesta fue enfáticamente negativa.

Después le di las gracias, y estaba a punto de irme cuando comenzó a contradecir todo lo que había dicho anteriormente.

Lo que dijo que no podía suceder, sucedió aunque yo insistía en que lo olvidara y él seguía insistiendo en que creía que sucedería.

Gloria a Dios por su favor.

Un testimonio negativo sobre el favor

"Yo no creo en el favor; no funciona", me dijo alguien en cierta ocasión.

"¿Por qué no?", respondí yo.

"Confesé favor para cierto trabajo, y no lo conseguí. No funciona".

Yo respondí: "No se espera que funcione todas y cada una de las veces. Dios es soberano, y Él sabe lo que será mejor en cada situación. Si usted tuviera favor en cada situación, quizá conseguiría el trabajo erróneo, la pareja errónea o cualquier otra cosa errónea".

No tire la toalla. Si el favor no funciona siempre, no baje sus manos indignado.

Siga presionando, porque normalmente las cosas comienzan a suceder enseguida.

Otras cosas llevan más tiempo.

Se supone que algunas cosas no deben suceder. A pesar de todo, relájese y regocíjese siempre.

El testimonio de Pablo sobre el favor o la gracia

Pero por la gracia de Dios soy lo que soy; y su gracia no ha sido en vano para conmigo, antes he trabajado más que todos ellos; pero no yo, sino la gracia de Dios conmigo.

(1 Corintios 15:10)

"No soy yo, sino la gracia y el favor de Dios lo que me hacen ser lo que soy", dijo Pablo. El favor de Dios cambió a Pablo. Pablo recibió Su favor y respondió caminando en él.

El favor es como un tren. Usted decide subir al tren y cooperar con él. A menos que usted salte del tren, le llevará adonde usted va.

No entre y salga del favor, sino manténgase ahí por fe y le llevará.

Recuerde que permanece en su tren por la fe. El favor y la gracia son derramados sobre usted como fueron derramados sobre Pablo, y le llevarán a grandes alturas en el Señor.

Pablo nos dice que el favor de Dios le llevó de ser un asesino a ser un pescador de almas.

Que ha llegado hasta vosotros, así como a todo el mundo, y lleva fruto y crece también en vosotros, desde el día que oísteis y conocisteis la gracia de Dios en verdad.

(Colosenses 1:6)

"Ha estado funcionando en todo el mundo. Ha estado produciendo unos cambios tremendos en las vidas. Los impíos son cambiados, el fruto abunda por todas partes. Y yo también espero que lo mismo le ocurra a usted".

Esta fue la confesión de Pablo acerca de la gracia o el favor. Ha dado fruto por todos los lugares donde ha ido.

Camine en el favor, querido.

Usted también tendrá gracia: fruto del que alegrarse.

El favor es una elección. Puede usted elegir vida y éxito al decidir caminar en favor, o puede elegir ser un holgazán, y con muy poco esfuerzo pronto conseguir su misión.

Escoja ser un ganador. Cuando los atletas se preparan para ganar en las Olimpiadas, pagan un precio, que es trabajar en ello todos los días.

Usted tiene que esforzarse para mantener el flujo de favor.

Para que justificados por su gracia, viniésemos a ser herederos conforme a la esperanza de la vida eterna. (Tito 3:7)

El testimonio de Pablo atestigua que es por Su favor y gracia que ha sido usted hecho heredero con Jesús.

Es como unos gemelos. Uno está empujando al otro y diciendo: "Vamos, podemos hacerlo. Sal en gracia y podemos hacerlo juntos".

Jesús le ha hecho heredero con Él por Su favor. Aprenda a someterse a Su guía. Él le guiará hacia delante. Espere que el favor le lleve hacia el ministerio completo de Jesús.

Versículos sobre el favor

Y Labán le respondió: Halle yo ahora gracia en tus ojos, y quédate; he experimentado que Jehová me ha bendecido por tu causa.

(Génesis 30:27)

Y yo daré a este pueblo gracia en los ojos de los egipcios, para que cuando salgáis, no vayáis con las manos vacías. (Éxodo 3:21)

Y Jehová dio gracia al pueblo delante de los egipcios, y les dieron cuanto pedían.

(Éxodo 12:36)

Y el joven Samuel crecía delante de Jehová.... Y el joven Samuel iba creciendo, y era acepto delante de Dios y delante de los hombres.

(1 Samuel 2:21, 26)

Y Saúl envió a decir a Isaí: Yo te ruego que esté David conmigo, pues ha hallado gracia en mis ojos. (1 Samuel 16:22)

Vida y misericordia me concediste, y tu cuidado guardó mi espíritu. (Job 10:12)

Porque tú, oh Jehová, bendecirás al justo; como con un escudo lo rodearás de tu favor. (Salmo 5:12)

Porque un momento será su ira, pero su favor dura toda la vida. Por la noche durará el lloro, y a la mañana vendrá la alegría.
(Salmo 30:5)

Porque tú, Jehová, con tu favor me afirmaste como monte fuerte. (Salmo 30:7)

Porque no se apoderaron de la tierra por su espada, ni su brazo los libró; sino tu diestra, y tu brazo, y la luz de tu rostro, porque te complaciste en ellos. (Salmo 44:3)

Te levantarás y tendrás misericordia de Sion, porque es tiempo de tener misericordia de ella, porque el plazo ha llegado.
(Salmo 102:13)

Acuérdate de mí, oh Jehová, según tu benevolencia para con tu pueblo; visítame con tu salvación, para que yo vea el bien de tus escogidos, para que me goce en la alegría de tu nación, y me gloríe con tu heredad.
(Salmo 106:4–5)

Hijo mío, no te olvides de mi ley, y tu corazón guarde mis mandamientos; porque largura de días y años de vida y paz te aumentarán. Nunca se aparten de ti la misericordia y la verdad; átalas a tu cuello, escríbelas en la tabla de tu corazón; y hallarás gracia y buena opinión ante los ojos de Dios y de los hombres. (Proverbios 3:1–4)

Porque el que me halle, hallará la vida, y alcanzará el favor de Jehová.
(Proverbios 8:35)

El que procura el bien buscará favor; mas al que busca el mal, éste le vendrá.
(Proverbios 11:27)

El bueno alcanzará favor de Jehová; mas él condenará al hombre de malos pensamientos. (Proverbios 12:2)

El buen entendimiento da gracia; mas el camino de los transgresores es duro.
(Proverbios 13:15)

Los necios se mofan del pecado; mas entre los rectos hay buena voluntad.
(Proverbios 14:9)

Versículos sobre el favor

La benevolencia del rey es para con el servidor entendido; mas su enojo contra el que lo
avergüenza.   (Proverbios 14:35)

En la alegría del rostro del rey está la vida,
y su benevolencia es como nube de lluvia tar-
día.   (Proverbios 16:15)

Muchos buscan el favor del generoso, y cada
uno es amigo del hombre que da.
            (Proverbios 19:6)

Como rugido de cachorro de león es la ira
del rey, y su favor como el rocío sobre la hier-
ba.   (Proverbios 19:12)

De más estima es el buen nombre que las
muchas riquezas, y la buena fama más que
la plata y el oro.   (Proverbios 22:1)

El que reprende al hombre, hallará después
mayor gracia que el que lisonjea con la lengua.   (Proverbios 28:23)

Muchos buscan el favor del príncipe; mas de
Jehová viene el juicio de cada uno.
            (Proverbios 29:26)

Y extranjeros edificarán tus muros, y sus reyes te servirán; porque en mi ira te castigué, mas en mi buena voluntad tendré de ti misericordia. (Isaías 60:10)

Entonces el ángel le dijo: María, no temas, porque has hallado gracia delante de Dios. (Lucas 1:30)

Y Jesús crecía en sabiduría y en estatura, y en gracia para con Dios y los hombres. (Lucas 2:52)